あなたを変身させる 17の交渉スキル

小山　齊

Koyama Hitoshi

文芸社文庫

はじめに

交渉は日常である。

あなたが結婚しているのなら、毎日、妻や夫、そして子供たちと交渉している。あなたがシングルなら、彼や彼女と恋の駆け引きをしている。駆け引きは交渉だ。

あなたが働いているのなら、上司とも同僚とも部下とも交渉する。そして取引先とも顧客とも。働くことは交渉することだ。

あなたが高校生なら、友だちとじゃれあって、駆け引きのレッスンをしながら、大人の住む世界の入口に立っている。入口の向こう側には交渉がうずまいている。

あなたがロースクールにいるのなら、交渉がロイヤリングのコアであることを知っている。

あなたがビジネスマンと呼ばれているのなら、交渉のおぞましさを知っている。

あなたが人生の黄昏《たそがれ》にいるのなら、交渉スキルという杖が手放せない。

交渉は日常である。いや、日常は交渉だと言うべきか。

それでは、交渉とは何か。それは問うまい。あなたが交渉だと思うもの、そうだと考えるものが交渉だ。それでいい。あなたの考える交渉の意味は変わる。そのたびにあなたも変わる。交渉は、最もエキサイティングな人間行動である。そして、交渉はスキルの塊だ。

あなたは交渉相手のスキルに翻弄《ほんろう》される。そして考える。相手の使ったスキルは何だろう。知りたい、知れば自分を守ることができる。そう考えているあなたのために、この本はある。この本であなたに伝えるのは、英語で言えばNegotiation《ネゴシエイション》 Skills《スキルズ》である。そこで、あなたとの約束事として、この本の中では、それを「ネゴ・スキル」と呼ぶことにしよう。

あなたはわたしに質問する。こんなとき、どうしよう。あんなとき、どうしよう。わたしが答え、ネゴ・スキルを伝える。あなたの質問は次々と高度なものになっていく。あなたの中にネゴ・スキルは蓄積されていく。たくまずして、あなたは、プロのネゴシエーターに近づく。

そしていつの日か、あなたは守りのネゴ・スキルだけではなく、攻めのネゴ・スキルをも使うようになるだろう。そのとき、あなたは自分を知り、相手を知る。人というものを知り、あなた自身の人生を知る。交渉はあなたを進化させる。そして、変身させる。

学びは、1人ではできない。伝える者がいて、学びはある。わたしが伝え、あなたが受け取る。さあ質問しよう。

ただし、肩の力を抜いて。

わたしも、楽しくネゴ・スキルを伝えたい。

あなたを変身させる17の交渉スキル　目次

どうするネゴ・スキル 1

相手から
ふっかけられた

Negotiation Skills

交渉は、ふっかけから始まる。これは常識だ。何故？　ふっかけた側がより多くを手にするからだ。ふっかけ、そして譲歩する。これが交渉だ。

で、ふっかけられたらどうする。大げさに驚いてみせよう。演技としてはやさしい。そして、譲歩を求めるのだ。相手は必ず譲歩する。

〝ふっかけ〟は立派な交渉スキル

最初は、ふっかける。ふっかけから交渉は始まる。交渉の常識だ。なぜだ。効果があるからだ。ふっかけた側が、結果として、多くを手に入れる。あなたは、ふっかけられた。それでは、あなたは、ふっかけることができるか。

「ふっかけ」とは、あまりいい言葉ではない。上品な言葉に言い換えれば「強い要求」あるいは、「目標より高い要求」ということになるだろう。「強い要求」や「高い要求」を突きつけられたあなたは、やっぱりふっかけられたと思うに違いない。ここでは「ふっかけ」という言葉を使おう。

ふっかけは立派な交渉スキルだ。

あなたがふっかけなかった場合を想定すれば、理解できる。

あなたは倫理観に富んだ正直な人だ。交渉に臨み、あなたは正しいと信じる目標の価格としてA円を提案したとしよう。そして言う。「A円が正当な価格と信じています。これを受け入れてください」。あなたは譲歩しない。譲歩の余地など最初からないのだから。要するに、あなたは、いわゆるボトムラインに立っているのだ。

しかし、相手はあなたの言葉を駆け引きと取る。それどころか、あなたはふっかけているに違いないと考える。そうでなくとも少しは譲歩の余地を残していると推測する。相手は譲れと言う。「A円は呑めない。もっと譲歩してB円にしてほしい」とあなたに迫る。あなたは、この逆提案に応じない。ボトムラインに立っているあなたは応じることができない。交渉は行き詰まる。デッドロック……そして決裂だ。

交渉スキルと認知されている3つの理由

そこで、ふっかけが交渉スキルだと認知されている理由を考えてみよう。

理由1

ふっかけた側がより多くを手にするという現実である。このことは心理学者による数々の実験で証明されている。では、なぜふっかけられた者が相手に多くを与えてしまうのか。それは、ふっかけが人間の弱点をたくみに突いているからだ。その弱点とは、ふっかけられた人間が、ふっかけられた数字、ここではA円であるが、それに縛られてA円からあまり離れることができないという人間心理だ。人間は弱い。弱みを突く人間は怖い。

理由2

ふっかけは自分の目標に上乗せして要求することであり、つまりは相手のために譲歩の余地を残すということでもある。相手が譲歩を求めてきたとき、これに応じることができ、相手との合意を得ることができる。デッドロックも回避できる。なるほど。

理由3

相手の求めに応じて、何らかの譲歩をすれば、譲歩の大小を問わず、相手は気分がいい。勝利感を相手に与えることができる。この効果が最も大きい。

ということで、相手はふっかけてくるのである。

少し寄り道になるが、どんなふっかけでもいいのかについて、考えてみたい。

ふっかけには限度がある。それはケース・バイ・ケースだが、相手にとってジョークとしか思えないふっかけ、相手にとって侮辱的なふっかけ、自ら人としての信用・信頼を失うようなふっかけ、要するに、妥当性を欠いた極端なふっかけは、もはやふっかけではないということだ。いやいや、それこそふっかけなのかもしれないが、交渉の世界では、ふっかけにも妥当性の限界がある。それはふっかける側が考えなければならない。

人はみな、他人からバカにされるのを恐れている。人はみな、他人の評価の中で生きているからだ。だから、こんなことを言ったらバカにされるかもしれないという思いが自制となる。それが妥当性の限界だ。けれども、それもまた人さまざまだ。勇気のある人、ない人によっても違う。限界いっぱい、あるいはそれを少し超えてふっかける人は、「このように要求するが、譲歩の余地はあるよ」という表情をしてみせる。そういうものだ。

ふっかけは文化にかかわる。日本人は2倍を超えてふっかけることはしないだろう。欧米人は2倍を超えることにあまり抵抗感がないと聞くし、東南アジアの土産物屋や中東のバザールなどでは10倍、20倍ということもあるのだという。

日本人も裁判では2倍を超えることに抵抗感はあまりないようだ。新聞記事を見てみるといい。有名人の離婚劇で、その妻などが裁判で慰謝料1000万円あるいは1億円を請求してはばからない。有名人の場合でなくともそうだ。裁判だからだろうか。「こりゃふっかけだ」と思っていても、誰も口にしない。裁判も交渉の延長線上にある。

だから、ふっかけはあたり前というわけだ。そして裁判官はそれらの請求に対して、なんと100万円だ、30万円だと判決を下したりする。常識人からみて、これもまた、少し奇異な感じがする。

ふっかけられたらどうする？

相手は真面目くさってふっかけてくる。そのあとでふと表情をゆるめ、婉曲《えんきょく》な表現で譲歩は可能だというサインを送ってくる。

あなたはどうする。驚かないし怒らない。何度も説明してきたように、交渉はふっかけから始まるのだから。だけども驚いてみせる。大げさに。これが大事だ。演技力が必要だ。相手のふっかけがあなたにとって大したことがないときでもだ。想定外だと驚いてみせる。笑ってもいいが、相手の自尊心を傷つけるほどには笑わない。交渉は冷静に行うもの。感情的な対立は避けるのがいい。

もし、あなたが驚かなかったらどうなるだろう。相手に誤解を与えてしまう。「このふっかけにショックも受けず驚かない？　じゃあ、もっと要求できたのだ」。さらに相手を強気にさせてしまう。交渉は行き詰まる。

驚いてみせるのは難しくはない。演技としてもやさしい。

そして、あなたが打つ次の一手だ。

ふっかけた相手と同じことをやるのだ。つまり、やり返すのだ。やり返し方が問題だ。

たとえばの話だ。あなたは友人の友人がもっている中古の外車を手に入れたい。200万円あたりで買いたいと考える。交渉が始まる。友人の友人は言う。「250万円でどうだ」。あなたは答える。「ひぇー！　そんな法外な。とんでもないっすよ」。で、今度はあなたが買い値を言う番だ。さて、いくらと言うか。

あなたは言う。「どうみてもこの車は150万円だな」。相手は驚く。本当に驚き、あなたをバカ者呼ばわりするかもしれない。それでもいいんだ。バカは相手の方が先だ。それに、よく考えれば、相手のふっかけは、あなたが目標とする200万円に対してプラス50万円、あなたの答えはマイナス50万円。同じことをやったにすぎない。そして、サインを送ったことになる。250万円と150万円の中間あたり、200万円が合意点だよ――と。

仮に、あなたが150万円でなく、「どうみても、この車は190万円だね」と言ったとしよう。相手は誤解する。250万円と190万円の中間あたり、220万円が合意点かな――と。それでは、あなたが困る。

これから先、あなたからは譲歩しない。相手から譲歩させる。そのあとで、あなたが譲歩する。あと出しジャンケンだ。相手が20万円譲歩したら、あなたも20万円。相手がさらに10万円譲歩したら、あなたも10万円を譲歩する。そして、あなたが考えている合意点に向けて、そろりそろりと近づいていく。

この交渉の中で、あなたが絶対にしてはいけないことがある。あなたは、この中古の外車を本当に欲しくて欲しくてたまらない。だが、そんな顔をしてはならないということだ。相手の譲歩が、あなたのイメージする合意点に近づいてきても、うれしい顔をしない。あなたが譲歩するときも、いやいや譲歩するように演技する。それでこそあなたは欲しい車を200万円で手に入れることができるのだ。

あなたが欲しくてたまらないのだということを、友人の友人が知ったらどうなる。彼は譲歩などしない。「250万円でなきゃあ売らないよ」と言い、「譲歩などしない」と、素っ気なく突き放す。それでどうなる。結局、あなたは250万円で買うことになる。

合意の直前が特に大事

相手が210万円、あなたが190万円でしばらく膠着《こうちゃく》状態に陥ったとしよう。いわゆるデッドロックだ。どちらかが「じゃあ、200万円で手を打つことにしようではないか」と言えばよいのだろうが、あなたが言うのだろうか。ダメだ。あなたではない。相手に言わせるのだ。「じゃあ、中を取って200万円ということにしよう」。そしてあなたがこれに応じる。「売買成立だね」。

中を取る。足して2で割る。折半だ。日本人はこういう解決が大好きだ。しかし、なにやら後ろめたいと感じる。そうするだけの合理的な理由がないと考えるからだろうか。そして、交渉先進国の欧米では、足して2で割るなどというはしたないことはしないと思っている。さにあらず。彼らもまた足して2で割ることが大好きなのだ。理由は、それが「フェアー」だからというわけである。

あなたから「じゃあ、中を取ろう」と言ってはいけない理由は何か。あなたが「中を取って200万円にしよう」と言ったとしよう。相手は「そうしよう。売買成立だ」

と応じるだろうか。その保証はない。「君、もう5万円乗せてよ」と言い出すかもしれないからだ。それは困るのではないか。

ふっかけられたらどうする。あなたは、ふっかけに対する受け方、切り返し方のスキルを少し学んだ。このスキルを磨き、自信をつけて、フットワークよくこれからの交渉に臨んでもらいたい。

どうするネゴ・スキル 2

相手から脅された

Negotiation Skills

脅しのない交渉など、世界中どこを探しまわってもない。あなたは脅される。脅しにも、あからさまなものとスマートなものがある。脅しをどうさばいたらよいのか。さばき方もいろいろあるのだ。そして、脅しには弱点もある。それを見抜きたい。

脅しにはどんなものがあるか

あなたは交渉相手から脅される。あなたはドキッとする。だが、恐れることはないのだ。脅しのない交渉など、世界中探しまわっても、ない。脅しを恐れない。脅しに負けない。脅しを上手にさばく。あなたには、これが求められる。

「月が出ていない夜もあるから注意しな」は脅しだ。

「お前のスキャンダルのネタを集めた。お前が買わないなら、週刊誌に売りとばすがどうか」

これも脅しだ。そして、これらは犯罪だ。

こんな脅しもある。あなたが恋人に別れ話をする。恋人は慟哭《どうこく》し、「死ぬ。死んでやる」と叫ぶ。これも脅しだ。「私を死なせたくなかったら、別れるな」と言っているのだ。あなたは考える。

本当に死ぬかも――。そして、別れない。死ぬものか――。そして、別れる。

どっちの選択が正しかったのだろうか。

交渉の世界は、犯罪の世界でも恋の世界でもない。現実の交渉では、悪質な相手から、月の出ていない夜の脅しなど、犯罪との境界をうろうろするような脅しが使われることもある。だが、ここではそういった脅しは取り上げない。まっとうな交渉の世界の話に限定しよう。

交渉で使われる脅しは、だいたい次のようなものだ。

「○○をせよ。しないなら××をする」あるいは「○○するな。するなら××をしない」という型に行き着くのだ。「○○」と「××」を埋めれば脅しになる。

「これがわれわれの提案だ。呑んでもらいたい。さもないと交渉は打ち切りだ。あとは法的手段に訴えるだけだ」。法的手段とは、早い話、裁判にかけるということだ。裁判にかけるということが脅しになる。

わき道にそれるが、「裁判にかけるゾ」は、アメリカでは脅しにならない。アメリカでは、だれもかれも裁判にかける。裁判は日常茶飯事なのだ。この脅しは日本でこその脅しだ。しかし、これも脅しでなくなりつつあるように思えるのだが。

さて、話をもどすが、脅しは、「裁判をするゾ」だけではない。「取引きをやめる」や「買わない」「売らない」「支払いをやめる」「交渉をやめる」——いろいろだ。

「交渉はやめだ」が究極のものだ。「こちらの要求を受け入れないなら、われわれは交渉の場から出ていく」というものだ。この脅しの型は、「ウォーク・アウト（walk out）戦術」という名前までついている。別の言い方をすれば、「この条件を呑め。さもなくば出ていけ」ということでもある。

で、脅しは何のためにやるのか。その目的は明白だ。相手の態度や考えを変えさせる。自分の思いどおりにさせる。脅しはその手段だ。そして、効果がある。脅された相手が脅しに負けてしまうことが多いからだ。だから脅す。なぜ脅しに負けるか。脅しの言葉どおり実行されたら、大変だ、ダメージが大きいと考えるからだ。

脅しが成功する条件

この脅しという手段が成功するには、少なくとも2つの条件が必要だと言われる。

第1の条件

本当の脅しだと相手に信じさせなければならない。相手が信じなかったら、それは脅しではない。

「ブラフ」と言われるものがある。ま、軽い脅しという語感だが、要するに、本気ではない、もちろん実行する気もないが、ちょっと脅し、ちょっと圧力をかけ、相手の出方を見ようという脅しのことだ。これはブラフだなと見破られたら、これも力を失う。

要するに、本気の脅しでも本気だと相手がとってくれないと脅しにならないということだ。脅しの効果は相手次第。ということは、脅す側にも弱点があるということだ。

第2の条件

相手の拒否にあったとき、脅した側が、脅しを本当に実行できるかである。実行しなければならない。

脅しの実行は脅した側にも大きなダメージを与える場合が多い。そんな蛮勇と実行力はあるのか。あるに違いないと信じさせなければ、やはり脅しに効果はない。実行までしないだろうと考え、相手が脅しを拒否するケースも実は結構多い。脅した側は、逆に追い詰められる。脅しを実行しなければ、信用と信頼はもくずと消え、軽蔑と屈辱の中で敗者の道をたどる。脅しを実行すれば、相手のダメージも大きいが脅した側のダメージも大きいという場合、双方が敗者となる。脅しはきわどい。相手にとっても脅す側にとってもだ。

このことを頭に入れておこう。そうすると、脅しへの対応は冷静となる。脅しの裏には弱点があり、相手はひやひやしながら脅している。そう知るだけでパニックにならない。

本当の脅しかどうかを見定めよ

さて、あなたは脅される。脅しに、2つの型がある。

1つは、感情的で強面《こわもて》の脅しだ。手強《てごわ》いぞーと相手に思わせておいて脅すというやり方だ。

もう1つは、紳士的でやさしいが、それでいて脅してくるというやり方だ。スマートな脅し。こちらが怖い。

まず、強面の脅しに、あなたはどう対処すべきか。

相手は、オレは手強いぞ、という表情をし、断固とした姿勢で臨む。あなたは圧倒されながらも、勇気をもって立ち向かい、交渉する。相手は強い声、怖い顔、威圧的な言葉を使い、あなたの言葉尻をつかまえて、怒り出し、攻撃的な態度をとり、そして脅す。

あなたはどうする。いや、あなたはどうなる。強面の相手に対してあなたはビビる。

そして、交渉による期待のレベルをぐんと下げてしまう。あなたはしっぽを巻いた。もう負けているのだ。

それがあなたであり、また、人間というものなのだ。このことは社会心理学者によって実証されてもいる。交渉するとき、人は合意に達したい、行き詰まりを避けたい、円満な結果を得たい、と考える。その結果、交渉の成果は低くなりがちだ。相手がこのことを知っている。そして強面で手強い出方をしてきたのだ。だが、このまま引き下がるのも嫌だ。あなたがそう考えるのなら、やり方はいくつもある。

まず、あなたは心を強くもつ。人は交渉相手の手強さを過大評価するものだ。あなたも、そうだ。冷静になり、簡単に引き下がらないと決意する。

その上で、あなたは相手に向かって「脅しはなしにしましょうよ」と静かに告げる。すると、たいてい相手は脅しをやめてしまう。効果ありだ。

それでも効果がなく、強面の脅しが続くときはどうする。ガンガン脅してくる相手の話を黙って聞き続ける。相手も人間、だんだんと言葉の勢いも失せてきて、とうとう脅しの理由を説明しはじめ、ポロリと自分の弱点を洩らすことになる。

そこであなたの出番だ。怒る気持ちは分かる。私の言葉も悪かったかもしれない。

脅しのようなことは今後やめよう。そう言いつつ、休憩をとる。これがコツだ。休憩の間にコーヒーとクッキーを出すようにする。コーヒーとクッキーの香りと味は、人の心にゆとりを与える。そして、相手に貸しを作ることにもなる。雑談をし、その中でジョークを飛ばすのもいい。

再び、交渉のテーブルに着く。脅しの交渉条件とは別の交渉条件に話を切り換え、そのあとで脅しの交渉条件にもどってくる。すでに相手には、当初の勢いはなくなっているはずだ。

脅しが本当の脅しか、ブラフかを見定めておくことも必要だ。それには質問をすることだ。質問を繰り返しながら、相手の表情を見る。態度を見る。答え方と声のトーンを聞く。少し経験を積めば、カンタンに見抜ける。ブラフは軽くあしらい、軽くいなそう。

相手が手強い。やられそうだ。あなたがそう心配するときは、応援を1人連れて行くのがいい。1人で会うことになったら、なるべく交渉時間を短くして帰る。本格的な交渉は2人でやる。

そして、あなたに自信があり、あなたの腰がすわっていて、この交渉を捨ててもいいだけの覚悟と緻密な計算があるなら、あなたの条件を相手にぶつけて「だめなら交渉はやめだ」と逆に脅しをかける。あなたの脅しの方が勝つことだってある。相手があなたの目をじっと見る。何秒か、いや何十秒、ひょっとして1分以上も沈黙が続く。そして言う。「あなたの条件を呑みましょう」。そういうこともあるのだ。

けれども、たいていの脅しはその場の空気を不愉快なものにし、結局、その日の交渉は打ち切られる。その場合、お互い相手の悪口を言いつつも、相手からの電話を待つことになる。待ち切れずに電話をかける。

「次の交渉日をいつにしましょうか――」

交渉が成立しなければ代替案を考えよう

さて、頭を切り換えよう。あなたの前に紳士的な交渉者がいる。ときどき笑みを見せる。おだやかな表情をし、あなたの話をよく聞き、静かに自分の立場を説明する。そんな交渉相手をあなたは好ましいと感じる。この人は信頼できそうだ。

だが、このスマートな交渉者もあなたに脅しをかけてくる。理由はあり、説得力もある。だが、脅しは脅しだ。これの対応がやっかいだ。すでにあなたは交渉相手の人間性に惹かれている。あなたの心は、すでに説得に応じようとしている。つまり、脅しに負けようとしている。あなたはこの状況から自分を取りもどすことにエネルギーを使わなければならない。要するに、脅しは脅しなのだ。相手がすぐれた交渉者であるだけに、脅しに見えないだけなのだ。

目を覚まそう。そして、質問を始める。静かに、笑みを浮かべて。その魅力的な交渉相手にだ。彼は言ったはずだ。

「もうこの条件から譲歩することはできません。これがわが社の限界です。あなたがこれ以上のものを望むなら、残念ながらこの交渉は打ち切らざるをえないのです」「この条件はあなたの側にとってもいい条件だと信じています。確かに、ここまでの交渉を捨てることは双方にとってつらいことです。繰り返しますが、この条件はあなたの側にとっても有利です。どうでしょう、ご納得いただけますか」

そしてこうも言う。

「あなたとは、ここまで、いい交渉を積み重ねてきました。あなたと知り合えてよかった。あなたは素晴らしい交渉人です」「私は、個人的には、よりよい提案、よりよい譲歩をしたい。でもわが社の上層部がこれを許さないのです」

あなたは質問する。

「なぜこれ以上譲歩できないのか」「まだ、譲歩する余地はあるはずだ。われわれは別のことで大幅に譲歩したではないか。あなたの側も、もう少し考えてみるべきだ」「この条件を呑まないと、交渉打ち切りだというが、本当なのか。最後通牒なのか。これ以上交渉を望まないのか。本当か」「交渉を打ち切った場合、あなたの想定するあなた側のダメージは何か。あなたの立場に立って共に考えてみようではないか」「私側のダメージについても共に考えてみよう」「私はあなたを尊敬している。個人的にはよりよい条件を提示したいと言ってくださった。あなたの考えを聞かせてほしい」「あなたの上司に会わせていただくことはできないか。直接上司の方にお願いをしたい」「失礼なことを申し上げた。あなたの個人的な考えを会社の条件としていただく、そのように上層部を説得していただく、ということはできないか」

以上のあなたの質問は、相手の脅しがどの程度のものかをテストしていることになる。かなりの情報が手に入る。

あなたは決断と行動に移る。それは、あなたが用意しているBATNA《バトナ》と相談して決める。BATNA のことはあとで詳しく説明するが（「13　BATNA って何?」参照）、要するに、この交渉が成立しない場合の代替案のことだ。どのような場合にこの交渉を捨ててもいいのかについて、あなたがあらかじめ用意した選択肢である。それがBATNAだ。

あなたは、目の前の状況を自分のBATNAと照合して、決断をする。

（1）もう少し交渉をねばる。つまり時間をかける。休憩をとる。日を改める。そして、脅しを無効にしてしまうことを考える。

（2）逆に脅しをかける。あなたが逆提案し、これがダメなら、交渉は打ち切りだと言う。まぁまぁとなることを期待して――。

（3）脅しを実行させる。相手は立ち上がり一言「残念です」と言い、部屋を出て行くかもしれない。相手が立ち上がらないかもしれない。相手が休憩を言い出すかもしれない。

（4）脅しを受け入れる。今が潮時だ。悪い条件ではない。苦しい顔をし、逡巡《しゅんじゅん》してみせ、それから〝イエス〟と言う。相手はホッとする。その瞬間、あなたがやることがある。それは、また、あとで教えよう。

最後に、脅しに対抗するとっておきの手、ちょっとむずかしいが、それを伝えよう。この手は強面の交渉者にもスマートな交渉者にも効果がある。

それは、聞こえないふりをする、おバカなふりをするという手だ。脅しをかけられても、聞こえないふりをする。言葉として分かっても脅しとは分からないふりをする。素人っぽく立ちまわるということだ。そして、バカな質問をする。分かっていて当然の事柄について、「それってどういうことですか。どういう意味ですか」などと訊く。

これをやると、不思議なことに相手の闘争心が緩んでしまうのだ。そして、あまりのおバカぶりに呆れ、手を差し伸べて子供を諭すように教え出し、手をつないで歩き出す。状況は、闘争から協働へと動く。プロの交渉者がときどき使う手でもある。

なに？　なに？　あなたが脅しのネゴ・スキルを使ってみたい？　それでは1つ、とっておきの脅しのコツを教えよう。それはタイミングの取り方だ。

あなたは交渉している。自分の中古車を売ろうとしているとしよう。あるいはあなたの子会社を売ろうとしているとしよう。

交渉は佳境に入る。相手を観察する。欲しい！　欲しい！　欲しい！　――相手の表情はそう言っている。カネも積みそうだ。あなたの交渉が相手の欲望に火をつけたのだ。火が燃え上がる。そう、その瞬間、あなたは脅しを入れる。これが脅しのタイミングだ。タイミングをじっと待つ。慌てない。遅れない。やってみよう。成功すること請け合いだ。

どうするネゴ・スキル 3

すぐにも“イエス”と言いたい

Negotiation Skills

最初の提案には、〝ノー〟と言う。そして相手の出方を見る。交渉の世界ではこれが常識なのだ。相手もそのつもりでいる。慌てない。何事も、出だしは慎重にということだ。

だから、ドント・セイ・イエス・クイックリ。

Don't say 'Yes' quickly.

交渉相手の最初の提案に、あなたは、すぐにも〝イエス〟と言いたくなる。だめだめ。すぐに〝イエス〟とは言わない。言ってはならない。ドント・セイ・イエス・クイックリ（Don't say 'Yes' quickly）と覚えてもらいたい。

交渉者がもつべき基本的なスキルの1つが、これだ。ドント・セイ・イエス・クイックリ。母親が娘に教える言葉のようでもある。あなたはこのスキルを自分のものとしなければならない。

あなたは、それでもすぐに言いたい。イエスだ、オーケーだ。

そう言ったらどうなるか。これを考えてみよう。議論を進める上で、2つの事例を考えてみる。

第1のケースだ。

あなたは市街地域の中に1600㎡の土地をもっている。土地の上に古くて小さな賃貸マンションが2棟ある。入居が50世帯。これを土地とともに居抜きで売りたい。

あなたは路線価を調べ、公示価格を調べ、課税台帳の評価額を調べ、不動産屋に聞き、腹の中で売値幅を決める。

あなたは考える。更地価格から2棟の居抜きマンションというマイナス条件を引いて、ま、7億円かな。きばっても9億円を超えることはあるまい。その中間で売れればよい。買い手があなたを訪れる。不動産仲介業者である場合も、デベロッパーの社員であることもある。「10億円で売っていただきたい」。これを聞いたあなたは驚き、「しめた」と思う。すぐに〝イエス〟と言いそうになる。

が、待った方がいい。ドント・セイ・イエス・クイックリ。

第2のケースだ。

あなたは妻と海外旅行に出る。東南アジアのある国へ行ったとしよう。宝石店に入る。宝石を買うためだ。妻は「これがいい」と美しい石を指さす。見ると値札には1000ドルとある。あなたは思う。半分の500ドルにディスカウントさせるのはやりすぎかな。3割引きの700ドルでもいい買物だと思うな。ともかく500ドルから始めるとしよう。あなたは宝石店主に話しかける。「この石、500ドルならどうかな」。宝石店主が大笑いしながら「OK」と言う。ん？　あなたは交渉に成功したのだろうか。あとで現地のガイドが残念そうに語った。「ここでは、宝石は値札の10分の1で買うのが普通なんですよ」。

「勝者の呪縛」という心理

第1のケースから考えてみよう。

10億円で買いたいという申し込みに、あなたは、すぐに〝イエス〟と言い土地を売ったとしよう。想像力を働かせてほしい。確かに、あなたが考えていた売値の天井である9億円を1億円も超えている。1億円の得だ。あなたは勝者だ。

だが、あなたの心の中は穏やかではない。なんとなく、気持ちが晴れない。待てよ、相手は11億円、いやいや12億円、ひょっとして13億円で買ったかもしれないではないか。もっといい売り方ができたかもしれない。いったい、自分の対応のどこが悪かったのか。もやもやは消えない。この心理は、「勝者の呪縛《じゅばく》」と呼ばれている。

何がいけなかったのか。ドント・セイ・イエス・クイックリの原則を破ったからだ。では、なぜドント・セイ・イエス・クイックリなのか。最初の提案には、〝ノー〟と言う。そして相手の出方を見る。交渉の世界ではこれが常識なのだ。提案側も、そのつもりで提案している。

それなのに、あなたが〝イエス〟と言ってしまうと、提案者は驚き、呆れ、そしてにっこりする。あなたは勝ったつもり、得をしたつもりでも、実は、損をし負けている。その上、なーんだと、蔑《さげす》まれもする。

では、どうしたらよいのか。

1．まず、驚いてみせる

あなたの想定である7億円から9億円の枠組は、10億円という言葉を聞いた瞬間に捨ててしまう。そういう柔らかな対応力が必要だ。

そして驚いてみせる。「おっと、それは安すぎではないか」という顔をする。相手は、そんなあなたの顔をじっと見る。

買い手がつけた10億円という値段の奥には、あなたの想像を超えた情報が詰まっている。あなたには見えない。が、想像はできる。相手の視点で、つまり相手になったつもりで考えてみるということだ。なぜ10億円なのか。どうしても欲しいからだ。そのために出すカネの天井は10億円を超えている。11億円か、12億円か、13億円か、14億円か——。あなたの最初の想定を組み換える。10億円から上だ。その上がいくらか分からないが、10億円以上ならいい話ではないか。

2. 黙って時間を置く

黙る。時間を置く。そして「それでは売らない」と言い、また黙る。要するに、相手に10億円以上の再提案をせよと促すのだ。すると、相手は必ず10億円以上の提案をする。提案金額はずるずると昇っていく。タイミングを計り、あなたは〝イエス〟、〝オーケー〟と言ってよい。

3. 思い切った高値の提案をする

こちらから思い切った高値を提示する。そして「返事はあとでよい」と言って帰す。このやり方にはリスクが伴う。相手が「やーめた」と言うおそれがあるからだ。それでは元も子もなくなる。

そこで、ちょっとした言葉を言い添える。他にも買い手はついていて、この値段でも売れそうなのだと。間接的な表現を会話の中に織り込むのが手だ。相手がもうひと頑張りすればしめたものだ。そうでなくても、相手は少し上乗せして、泣きを入れてくるはずだ。間違いないだろう。

最初の提案は相手にさせよ

これは、あなたの提案にすぐに〝イエス〟と言われたケースだ。そして失敗した。失敗の理由は2つ。

第2のケースに移ろう。

1つは、宝石に関する情報を、相手がもち、あなたがもっていなかったという事実だ。この現実を自覚しないで、あなたは半値ならいいだろう、3割引きでもいいと想定した。根拠はない。ガイドがいたのなら、あらかじめ情報を仕入れてから宝石店へ入るのがよかった。あなたは、情報劣位の状況で、最初の提案をしたのだ。現地ガイドからの情報を懐に、宝石店主にディスカウント価格を示させ、それを続けさせた方がよかった。うまくいけば100ドル以下であの宝石を手にすることもできたかもしれない。店主に大笑いもさせず、あなたもくやしい思いをしなくてすむというわけだ。

もう1つは、最初の提案は相手にさせよ、自分からするなというセオリーに反したことだ。このセオリーは、交渉の世界では神話になっている（もちろん、こちらが提案すべき場合も沢山ある)。

交渉の主導権はあなたが握れ

おまけとして、第3のケースを考えてみよう。

あなたは妻と子供を連れて大型ディスカウント店○○デンキへ行ったとしよう。薄型テレビを買うためだ。あなたはテレビコーナーをうろうろする。しばらくすると、店のマネジャーがそっとあなたに近づく。「薄型テレビをお探しでしょうか」と話しかけ、あのテレビはこう、このテレビはあーだと説明をしたあとで、「お客様、ご予算は?」と必ず問いかける。あなたはどうする。

「○○インチの薄型テレビが欲しい。予算は20万円ぐらいかナ」と言ってしまう。それとも、答えずに「……」と無視する。あとの方がよい。

あなたが予算を口にした途端、売買交渉の主導権はマネジャーに移る。あなたはマネジャーの説明に頷きつつ付いて回り、狙っていたテレビとは違うものを買わされ、それにたいていは予算をオーバーする。ちょっとしたサービス品をつけてもらい、店を出ることになる。気分はいまいちだ。どうしてこうなったんだろう。

予算を口にしない場合はどうなるのだろうか。マネジャーは深追いしない。しつこく聞くと客は不機嫌になる。このことをマネジャーは知っているからだ。

あなたは、自分が欲しいと思うテレビの前に立つ。そしてマネジャーと交渉する。ディスカウントを要求する。ディスカウントがいい線まできたら、買う。こないときは買わないという態度を示す。要するに売買交渉の主導権はあなたが握り、握ったまま買う。もちろん予算内だ。それが一番だ。あまった予算は、妻や子供のために遣う。あなたが無駄遣いするという手もある。

何事も、出だしは慎重にということだ。そして記憶しよう。

Don't say 'Yes' quickly.

どうするネゴ・スキル 4

譲歩の仕方が分からない

Negotiation Skills

交渉とは、譲歩を交換しながら合意に至るプロセスだ。

交渉のプロは、譲歩の仕方で譲歩の限界を相手の心の中に植え込む。そういうテクニックを使うのだ。奥の手もある。だが、見返りのない譲歩をしてはならない。

交渉の土台はコミュニケーションにあり

どのように譲歩するかは、交渉の基本的スキルだ。譲歩を交換しながら合意に至るプロセス、それが交渉だと言われる。要するに、交渉はギヴ・アンド・テイクというわけだ。

では、交渉と説得はどう違うのだろうか。

説得とは、相手に理由を提示して納得させ、自分の思うことを相手にさせることだと言う。つまり、交渉とは相手に譲歩を提示することであり、説得とは相手に理由を提示することだと言うわけだ。そういう考えもある。

だが、交渉とはもっと複雑なものであり、手段として、譲歩も説得も使う。また、交渉のベースはコミュニケーションである。

では、コミュニケーションとは何だろうか。情報や感情をやりとりする人間行動だ。目的は相手を理解する、また相手から理解を得る、共通認識をもつ、情緒的に共感する、信頼関係を築くなどだ。それには上手に聞き、上手に話せなければならない。このコミュニケーションという土台の上に交渉はある。

〈譲歩の仕方：その1〉

さて、譲歩の仕方だ。これを知り、これを交渉現場で使えるかどうか。それがプロとアマチュアを分ける。それほどに重要だということだ。

あなたは譲歩の仕方が分からないという。あなたは考えあぐねているのだ。譲歩の仕方をあれこれ考えてはいるが、どうも自信と確信がもてない。どれがよく、どれが悪いのか。

ならば、仮のケースをもとにあなたの考えを検証してみようではないか。

あなたは15年住んだマンションを売ろうとしている、と仮定する。新しいマンションに買い替えるためだ。新しいマンションの購入契約はすでに済み、代金の支払日は2カ月後にやってくる。買い手が現れ、交渉に入る。もちろん契約済みのことは言わない。あなたは考える。3000万円で売りたい。それが目標値だ。ボトムラインは2500万円。さて、スタートが問題だ。最初の言い値をいくらとするか。4000万円か、3500万円か、それとも3200万円か――。

あなたは考える。4000万円はふっかけすぎかな。中古マンションなのだ。3200万円は目標値に近すぎて窮屈だ。3500万円にしようか。これが常識的かな。

そう、このあたりが日本人の常識かもしれない。日本人はもめごとが嫌いだ。だからカマをかけず本音に近いところからスタートする。誠実に話し合えば相手も分かってくれると考える。その結果、交渉はすぐに行き詰まる。なぜか。交渉の幅、すなわち相手に与える譲歩の幅が狭すぎるからだ。相手は、誠実であろうとなかろうと、値下げ、すなわち譲歩を、大幅にそして強く求めてくるものなのだ。これに備えるには、譲歩の幅を最初から大きくとっておくのがよい。

あなたがこの考え方に抵抗感を覚えるとしたら、たった今から、抵抗感を取り除いてもらいたい。考えるべきは、対立があるから交渉があるという現実だ。対立を上手に解消するにはどうしたらよいか。あなたが考えるべきはこれだ。

4000万円からスタートするのがいい。3500万円からでは、やはり窮屈だ。言葉は悪いがヤマをかける、ふっかける。もちろん限界はある。4000万円は許容範囲だ。1000万円もの譲歩幅があれば、余裕をもって交渉できる。譲歩が大きければ相手は喜ぶ。そして、ゆうゆうと目標値で手を打つことができる。両者ハッピーというわけだ。

こんな交渉ではダメ

あなたは4000万円で売りたいと買い手に言う。買い手は値を下げてくれと譲歩を求める。もちろん相手はあなたの目標値を知らない。安ければ安いほどよい。あなたは4000万円から目標値の3000万円まで譲歩するとしよう。どのような譲歩の仕方がよいのだろうか。あなたが考えた方法を列記しながら検証してみよう。

1. たとえば、少しだけねばった上で「私の譲歩幅は1000万円だ。分かってくれ。3000万円を割るわけにはいかない」と言い、一挙に目標値まで譲歩してしまうという方法。

これは、まずい。買い手は驚く。「これで終わりというわけではあるまい。最初の譲歩は、まだ譲歩できるというサインだ」と考える。もっと値を下げよと攻めてくる。あなたは抵抗し続けられるだろうか。さらなる譲歩をすることになる。この方法はよくない。

2. たとえば、250万円譲歩し、また250万円譲歩し、また250万円譲歩するというように、同じ譲歩幅で譲歩を繰り返すという方法。そして「もう譲歩できない。1万円もダメだ」と言う。

これもまずい。買い手は考える。押せば押すだけ、またまた250万円を譲歩するだろう。1万円もダメ？　そんなはずはない。そして、さらなる譲歩を迫ってくる。この方法もよくない。

3．たとえば、200万円譲歩し、300万円譲歩し、500万円譲歩するというように、だんだん譲歩幅を大きくしていく方法。そして「もう譲歩できない。1万円もダメだ」と言う。

これも、まずい。「一度に500万円譲歩しておいて、あと1万円もダメだと言うのか」と相手は怒り出すだろう。

4．たとえば、400万円譲歩し、100万円譲歩し、250万円譲歩し、50万円譲歩し、150万円譲歩するというように、バラバラに譲歩していく方法だ。そして「もう譲歩できない。1万円もダメだ」と言う。

やはり、まずい。買い手はどんどん値下げを求めてくるだろう。買い手との関係は対立的となり、悪い雰囲気が支配することになる。この方法もよくない。

5. たとえば、400万円譲歩し、300万円譲歩し、200万円譲歩し、100万円譲歩するというように、譲歩幅を狭めつつ譲歩していく方法。そして「これで勘弁してほしい」と言う。

悪くはないが、いまいちだ。

プロならどう交渉するか

いい譲歩の仕方とは、どういう方法なのだろうか。それは、①最初に大きな譲歩をする。②続く譲歩はどんどん小幅にし、③最後の譲歩はうんと小さく、いやいや行う。

先の例にこれを当てはめてみよう。

4000万円でスタートし3000万円で収めるには、ベテランの交渉者であれば、まず500万円を譲歩するだろう。そして300万円、150万円と譲歩する。残りの50万円を絞っていく。あと10万円だ、あと5万円だ、あと1万円だ。これは、たとえばの話である。人によって多少の違いはあるが、およそこのようになる。

なぜ、このようにするのか。それは、売り手の譲歩の仕方は、買い手の心の中に、これから先の譲歩についての期待を植え込み、同時に、譲歩の限界をも植え込むからである。限界を知った買い手は、このあたりで手を打とうと考える。そして、売り手の目標値あたりで目出度く手打ちが行われるというわけだ。

あなたとベテランの交渉者の違いは、譲歩の絞り込み方の違いだった。大した違いではなかったのだ。

もう1つ、プロの奥の手を伝授したい。

こんな場合、あなたはどうするだろう。

4000万円からスタートして遂に3000万円まであなたは譲歩した。それにもかかわらず、買い手は2800万円まで譲歩せよと言い続ける。あなたは辟易《へきえき》する。2800万円で手を打ちそうになるが、ぐっと堪えてほしい。こう言うのだ。「今日の交渉はここまでにしよう。私がこのマンションを売るには、どのみち家族の、特に妻の了解が必要なんです。今日の交渉経過を妻に報告し相談することにします。次のお話し合いは2日後、今日と同じ時間にしましょう」。買い手は言う。「2800万円で合意するように奥様を説得してください。お願いします」。あなたはやってみようと言い、別れる。

2日後に買い手と会う。買い手は「どうでしたか」と問う。あなたは困惑した表情で言う。「妻に叱られましてね。妻はどうしても3200万円以下では売るなと言ってきかないんですよ。このマンションを買うときに妻の実家から援助を受けているので、妻の気持ちを無視できないのです」。買い手はひどく驚き「2日前、あなたは3000万円と言ったでしょう。なんで3200万円になるのですか。なんで200万円も増えてしまうのですか。なんとか3000万円で奥様を説得していただきたい。話はここまできているのです。お願いしますよ」と叫ぶように言う。

この買い手の言葉を読み返してもらいたい。買い手は、2日前に、自分が2800万円で売るようあなたに要求したことを、すっかり忘れている。それほどまでにこの奥の手はショッキングなのだ。ここであなたの番だ。「分かりました。少し時間をください。妻と話し合ってみます。なんとか3000万円で――」。結果は、3000万円で手打ちとなる。

あなたがもち出した妻の話は、推察どおり本当のことではない。この奥の手のことは、覚えておきたい。

〈譲歩の仕方：その2〉

交渉は単純なものもあれば複雑なものもある。譲歩するものも、譲歩させるものも多種多様だ。そんな交渉における譲歩の仕方を伝えたい。

実は、譲歩の仕方について、鉄則のようなものがある。

「交換条件なしに譲歩するな」というものだ。

譲歩するときは、相手から何かを手に入れる。転んでもタダでは起きない。つまり、譲歩するときは、相手にも譲歩させる。譲歩と譲歩の交換、これが交渉だ。お返しなしの、受けとるもののない譲歩は、タダで与えること、すなわち、贈与であって譲歩ではない。譲歩と譲歩の交換を「トレイド・オフ（Trade off）」という。日本語で〝取引き〟と訳されているが、ニュアンスが少し違う。

譲歩に見返りをとる。譲歩はそのことによって価値をもつ。そして、譲歩したことによるあなたの痛みも癒す。一方、相手は喜び、面目が立つ。面目はメンツのこと。プライドと言い換えてもよい。譲歩で手に入れるものは同等が好ましい。

しかし、何が同等かはそれぞれだ。お互いに同等かそれ以上を手にしたと考えることができればそれでよい。そして、面白いことに、譲歩に理屈はいらない。説得に理由は必要だが、譲歩には理由がなくていい。これが交渉を面白くする。

相手が求めてきた譲歩がどんなに小さなものでも、見返りを求める。すぐに〝イエス〟、〝オーケー〟とは言わない。「できるかどうか、上の者に聞いてみましょう。上の者に話をするにあたって、あなたの方でできる譲歩が何かを話さなければなりません。どうでしょう」。遠まわしに言う。相手から思わぬ見返りが飛び出してくるかもしれない。

きつい言い方ではダメ。「当方に譲歩を求めるのであれば、あなたの方も譲歩しなければならない。あなたの方の見返りの譲歩は何か」。これでは喧嘩になる。この言い方は避けたい。

タダの譲歩はしない。譲歩には譲歩を求める。それも上手に――。これを覚えておこう。

どうするネゴ・スキル　5

セールスマンにやられそう

Negotiation Skills

セールスマンはしたたかだ。あなたはやられる。だが、これに対抗する方法はある。彼らの手の内を知ることだ。

そうすれば、彼らの仕掛けた罠から抜け出すことができるかもしれない。

敵の手の内（テクニック）を知れ

人は、セールスマンのテクニックにしてやられる。それほど欲しいと思わないものでも、つい買わされてしまう。うまく売りつけられる。あなたも、そうだ。

こんなとき、どうしたらいいのだろう。セールスマンが使う道具、すなわちテクニックを知ることだ。知れば、逃げ方も分かろうというものだ。その上、覚えたテクニックをネゴ・スキルとして使うこともできる。

さて、あなたはサラリーマン。本社企画部副部長から、この町にあるA支店の総務部長となった。栄転である。

1．ある日の昼食どき。食事をすませ、近くのホテルのロビーで、支店長とコーヒーを飲んでいた。すると、男がやってきた。「いつもお世話になっています」と支店長に挨拶。支店長の紹介で男と名刺を交換する。男はY車販売店の営業課長だった。「一度、私どもの販売店に寄っていただきたい。車も見ていただきたい。是非とも」と男は言い、支店長も「寄ってやれよ」と言う。男はテーブルの上の伝票を手にとり、レジで払う。支店長は手をあげ「すまんな」。その後、留守中に電話が入ったり、小さな手土産が届いたりした。支店長は「どうだ、行ってきたか」と訊く。あなたはまだだと答え、「明日にでも寄ろうかと思っています」と言ってしまう。

そして、翌日、あなたは本当にY車販売店に出かけてしまう。あなたはX車に乗っている。2回目の車検が近い。買い替えの時期ではある。が、出かけたのはX車の販売店ではない。

少し、おかしいではないか。

そう、あなたはあの男が使った「フット・イン・ザ・ドア・テクニック（Foot-in-the-door technique）」に引っかかったというわけだ。ドアの隙間に足をこじ入れることをイメージして、このように呼ばれているテクニックだ。テクニックはスキルと言い換えてもよい。足をこじ入れるとドアを閉めることができない。開けざるをえない。そして徐々に要求を大きくしていき、目的を達するというスキルだ。

あの男は、あなたに車を売りたい。そのためには、まずあなたを販売店に呼び寄せる必要があった。あなたの上司の支店長の顔を借りて、これに成功したのだ。男はあなたの心のドアの隙間に足を突っ込んだ。もうドアは閉められない。男はドアから部屋へと入り込む。あなたは抵抗できるだろうか。

2.それにしても、あなたはどうしてY車販売店に出かけてしまったのか。支店長の言葉もある。それだけではない。男が使ったテクニックはもう1つある。思い出そう。男は「是非寄ってほしい」と言った。コーヒー代は男が払った。電話があった。小さな手土産もきた。あなたは、軽く心の負担を感じる。行ってやるか——。そう、あなたに自覚はないが、男にお返しをしなければと感じたのだ。

これこそが男が使った手だ。人間の心の中にある「返報性」という心理的なクセを利用したというわけだ。

スーパーマーケットやデパ地下へ行くといい。試飲や試食を勧められる。紙コップでワインを、爪楊枝でチーズを。あなたは、それを試したとする。笑顔の販売員に紙コップと爪楊枝を返すだけで立ち去れるだろうか。心の中で、少し抵抗がある。試飲・試食で、ワインやチーズを買ってしまう客が多い。商売になるというわけだ。ここにも「返報性」の罠が潜んでいる。あなたはこの小さな罠に落ち、心のドアを少し開いてしまった。

3.男はにこやかにあなたを出迎える。見れば、男の印象はそんなに悪くない。身に着けているものも、物腰も、まあまあだ。案内された応接室もなかなかだ。すぐには車の話をしない。コーヒーが出る。いい香りだ。世間話に花が咲く。共通の話題が出てくる。男はいろいろ質問をするが、あなたの口から出る答えは、いずれも肯定的なものだ。そのように質問をしているのだろうか。お世辞も言う。悪い気はしない。男は知っているのだ。5分以内に、客の好意を得なければならない。人は好意を抱いた相手に対して〝イエス〟と言う傾向がある。

どうしたら相手に好意を抱かせることができるのか。お世辞だ。お世辞は称賛だ。身ぎれいにし、紳士的に振る舞うのも、あなたの好意を得るためだ。応接室もコーヒーも快適な環境を整え、その中にあなたを置くためだ。共通の話題も、否定的な答えの出ない質問も、あなたと共感し、親密になるためだ。男はあなたの心に好意を植えつけた。これもテクニックだ。あなたは、これに引っかかり、心を取られる。

4. 時間がたつ。あなたは話し始める。X車に乗っていること。2回目の車検が近いこと。今度はY車にしてもよいかなと考えていること。あなたは催眠の中にいる。時間のせいかもしれない。時間は男にとって有利に、あなたにとって不利に働く。

そこで男はあなたを誘い、車の展示室に向かう。主導権は男が握った。一回りして男が勧める。高級車だ。「これがあなたにふさわしい」と言う。驚いたあなたは、心をくすぐられつつも「とんでもない」と顔の前で手を振る。男は残念そうに振る舞い、続いて、中の上の車種を勧める。あなたが乗っている車よりひとランク上の車だ。あなたはその気になる。男はボンネットを持ち上げ、覗き込んで説明をする。あなたと技術論を戦わせる。こんどは、あなたが覗き込むことになる。いつのまにかあなたは助手席に座らされて男の説明を聞いている。続いて運転席。気がつけば男を助手席に乗せて、あなたは試乗しているではないか。男は、この車がすでにあなたのものであるかのように話す。快感があなたを揺する。あなたは、この車を買ったも同然だ。もう逃げ出すことはできない。

ここで男が使ったのは「ドア・イン・ザ・フェイス・テクニック（Door-in-the-face technique）」だ。大きな要求をする。わざと拒否させる。そのあとで少し引き、目標の要求をするというやり方だ。

男は高級車を買えと言った。あなたは断った。男はすっと引いて、あなたの買いやすい車種を勧めた。あなたは買う気になった。やはり、あなたは引っかかっている。

5．それにしても、なぜ、あなたはこの罠に落ちるのか。答えはいろいろ言われている。

1つは対比効果だ。勧められた車の価格は結構高い。しかし、高級車と比較すると、手頃に見える。

2つめは、人のもつ「返報性」のクセだ。「高級車を売りたかったが、わたしは譲歩してこの車を勧めたのだ。今度はあなたがお返しをする番ですよ」と、男は言葉にはしなかったが、そう言っているのだ。あなたの心の中の「返報性」がこれに反応する。で、あなたは買う気になる。

3つめは、軽い罪悪感だ。あなたは高級車を勧められて、大きく驚き、大きな声で、手を振って拒絶した。拒否したことに対して、小さな罪悪感が生まれる。悪いことをしたわけではないが、生真面目なあなたは心理的な負担を抱え込む。買う方に心が動く。人は弱いもの。実験によれば、驚かせただけで人は〝イエス〟と言いやすくなるそうだ。

男が使ったテクニックはもう1つある。「一貫性の罠」だ。人は誰でも、自分の言葉や態度、行動を一貫したものにしたい。また、他人からもそう見られたい。つまり、人は一貫性にこだわる。かなり強くだ。なぜそうなのかについては、いろいろと説明されているが、ここでは省略しよう。

男はあなたに一貫性の罠を仕掛けたのだ。振り返ってみてほしい。あなたはボンネットの中を覗き、運転席に座り、試乗し、所有者気分を味わった。自分で一貫性の穴を掘り、だんだん深く掘り、遂には穴から抜け出せなかったのだ。気づかないままに――。男は、マニュアルどおり行動したのかもしれないが、マニュアルを作った人は恐ろしい人だ。

6．とうとう契約交渉となる。もうダメだ。あなたは、男の言うままに行動するはめになる。

あなたに「買う」という最終の決断をさせたのは、男のこの一言だった。

「この車はY社が社運を賭けてつくった車です。市場で高い評価を受け、売れに売れています。今、注文しても納車は6カ月先です。しかし、私どもがお世話になっている支店長の推薦でもあり、なんとかしたいと思っています。どうでしょう、特別のルートで、10日後には納車できると思いますが」

男のこの一押しは「希少性の原理」を応用したテクニックだ。人は、手に入れるチャンスを失いかけると、そのチャンスを価値のあるものと感じてしまう。手に入れにくいもの、希少なものを貴重なものと判断してしまう。手に入れられないとなると、心理的に自由を失うような感覚に襲われ、自由を取りもどすために、より欲しくなる。人の心理はやっかいだ。

あなたは「希少性の原理」を利用した罠に落ちたのだ。だが、自分を卑下することはない。この罠からは誰も抜け出せない。この罠にはまると誰もが思考停止になってしまうらしい。心理学者はそのように言う。

7．車代金の交渉に入る。あなたは勇気を出して値引きを求める。X社の車購入時に経験した金額○○万円の値引きを提示する。男は厳しい表情で断る。「この車に限り、それはできません」。そして黙る。あなたは混乱する。一瞬、買うのを止めようかという気持ちになる。すると男は言う。「いいでしょう。特別に値引きいたします」。しかし、ほんの気持ちだけの値引きだ。そして付属品の1つをサービスとしてつけるという。あなたは呑む。

今度は、下取価格の交渉だ。男は部下に命じて、あなたの乗ってきた車の査定をすでにすませていた。提示した下取価格は安い。あなたは驚きの表情を浮かべ、また混乱する。すると男は、その価格を少しだけ上げる。あなたは呑む。

この男の使った手は「ザッツ・ノット・オール・テクニック（"That's not all"

technique)」だ。別の言い方をすれば、バナナの叩き売りテクニックだ。相手の拒否の反応を待たずに要求水準を下げ、相手に呑み込ませるというやり方だ。そして付属品を1つサービスしている。つまりバナナにマンゴーというわけだ。

8. あなたは頭金を決め、ローンを組むことにした。これで契約成立だ、と思った。ところが、そうではなかったのだ。最終決定はこの販売店の店長だという。男は店長のところへ行く。時間がかかっている。やっと男がもどってくる。顔色が悪い。店長は〝オーケー〟を出さなかったというのだ。やり直しだ。結局、車代金を上げ、下取価格を下げ、頭金を増やしてやっと〝オーケー〟となる。その上、男が言うではないか。「付属品についての説明を忘れていました」。あなたは付属品の数々を買うことになる。

この男が最後に使ったのはどんな手なのか。「ロー・ボール・テクニック(low-ball technique)」だ。相手に取りやすいボールを投げる。相手がキャッチする。つまり決定する。そのあとで、条件を悪くしていく方法だ。いい条件を取り除き、悪い条件を追加する。あくどいやり方だが、人の心理をたくみに突いているのだ。人はひとたびあることを決定すると、その決定をなかなか変えることができない。ほかのことは、どうでもよくなる。一貫性の罠だ。

9．あなたは憮然とする。すると店長が現れ、深々と頭を下げ、お礼を述べ、「これを奥様にお渡しください」と言いつつ、小さな贈り物をあなたに手渡す。覗くとキラキラと美しいブローチではないか。妻の喜ぶ顔が見える。あなたは機嫌を直し、笑う。あなたはY車販売店を出る。店長と男は腰を90度に折り曲げ、あなたを見送る。

あなたは、ひどい目に遭った。これは仮想の出来事だ。だが、ここで引用したテクニックや罠は、世のセールスマンやディーラーによって現実に使われている。あなたはそれを知った。知れば防御できるというものでもないが、知らないよりはましだ。ときとして、これらのテクニックを見破り、罠から抜け出すことができるかもしれない。

また、あなたはこれらのテクニックや罠を自分のネゴ・スキルとして使うこともできる。ただし、あなたのもつ道徳律の枠内に限りだ。

どうするネゴ・スキル 6

交渉の現場でコミュニケーションがうまくいかない

Negotiation Skills

効果的な交渉には効果的なコミュニケーションが必要だ。それがうまくいかないとすれば、たぶん、あなたは聴くことに失敗している。そして、質問することにも。

聴くには忍耐が求められ、質問には巧みさが必要だ。

聴き方の4原則

交渉とコミュニケーションの関係について、いろいろなことが言われている。交渉とは、問題解決を目的としたコミュニケーションである。効果的な交渉には効果的なコミュニケーションが欠かせない。だから交渉が成功するかどうかは、双方のコミュニケーションの能力にかかっている。

コミュニケーションは行きと帰りの対向通路をもつ道のようなものだ。うまいことを言う。通路の1つはプレゼンテーションであり、もう1つは、もっと大切なのだが、聴くことだと言う。この考えに賛成だ。

あなたは、交渉に臨むにあたり充分時間をかけて準備をした。それなのに交渉の現場でコミュニケーションがうまくいかない。なぜだろう。コミュニケーションとは、基本的には情報を伝え、受け取り、確認し、理解することにある。そのために、話を聴き、そして質問しなければならない。

あなたは、たぶん、聴くことと質問することに失敗しているのだ。そう思う。それでは、うまく聴くにはどうしたらよいのか。これから考えてみることにしよう。

聴くということは、ただ、聞くということではない。相手の言う言葉を、注意力を集中して聞き、積極的に取り込むという精神作業だ。

あなたは、聴き方の4原則を知っているだろうか。齋藤孝教授がその著書『コミュニケーション力』（岩波書店）の中で簡潔に紹介している。

1つ、目を見る

相手の目を見るということは、相手の存在を認めているというサインだ。お互いに相手の存在を認め合うということはコミュニケーションの基礎中の基礎である。

2つ、微笑む

微笑みは、相手を受け入れているというサインだ。人は、自分が受け入れられているかどうかを気にしながら話をする。微笑みは相手に安心感を与える。

3つ、うなずく

話を聴いている、というサインだ。相手の意見に同意していなくても、うなずきはできる。が、実はむずかしい。うなずき方やタイミングの取り方に失敗すると、相手に誤解を与える。同意したからうなずいたと――。うなずきのスキルは自分で手に入れるしかない。

4つ、相槌を打つ

話の流れをよくする。潤滑油の役割を果たす。これもなかなかにむずかしい。やはり自分でそのスキルを身につけるしかない。

聴き方が交渉の成否を決める

さて、聴くと、どうなるというのだろうか。

言うまでもないことだが、人は誰でも、人から好かれたい。人から評価されたい。人はその思いから抜け出せない。

あなたが相手の目を見、微笑み、熱心にていねいに話を聴き、うなずき、相槌を打つ。悪い気はしない。相手の心は少しずつ開いていく。心が開けば共感と信頼が生まれ、相手は警戒を解き、正直に話し始める。あなたは聴き、メモを取る。途中で、その内容を要約して告げ、こういう理解でいいかと訊く。要約には、相手の使った言葉を入れ込む。相手の使った言葉をあなたの口から出す。これが重要なのだ。そして、あなたが相手を説得するとき、同じように相手の言葉を使う。

なぜ、そんなことをするのか。人は、他人の言葉よりも、自分自身の言葉によって説得されるものだからだ。

聴くことはむずかしい。あなたが熱心に相手の言葉をメモするとしよう。そして、次にあなたが何をどう話し、何と答えるかについて考える。そうすると、心ここにあらずで、聴くことは上の空となる。聴いていない。相手にも、それは分かる。

むずかしいのは、この点だ。真剣に聴き、そのことを相手に伝え、さらに相手に話をさせようとすると、メモは取れない。次に自分が何を話すかも考えることができない。ジレンマだ。解決の方法は、なくはない。あなたの注意力を2つに分ける。聴くことに8か9、メモなどに1か2という配分がいいだろう。メモにする相手の言葉は、文章として書かない。重要な言葉を記号のようにとびとびに書いていく。あなたがあとでメモを見るとき、記号と記号をつなげば相手の言ったことがよみがえる。これが聴くときのコツだ。

繰り返すが、交渉においてコミュニケーションは重要であり、コミュニケーションにおいて、特に、聴くことは重要だ。情報の優劣は交渉の成否を支配する。情報の多くは交渉の場で、聴くことにより得られる。

目の前の相手は、人間として信頼できるか。相手の言うことは正確か。相手の交渉スタイルは何か。相手は何を重要と考え、何を重要でないと考えているのか。相手の真のニーズは何か。相手の交渉戦略は何で、具体的な戦術として何を使っているか。そして、聴くとは、忍耐でもある。

聴くとは、また、言葉を聴くだけでなく、ボディランゲージを聴くことでもある。ボディランゲージについては、あとで述べることにして、次は、質問について考えてみよう。

質問は交渉のプロセスを動かすエンジン

質問もまたコミュニケーションにおいて重要だ。

質問は、相手に答えを求め、その答えを聴くためにする。相手から情報を得るためだが、質問の仕方によってその目的は多義的となる。

あるときは、もっと語らせるために質問し、あるときは相手方にこちらの情報を与えるために質問する。相手のもつ弱点に気づかせるためにも質問し、相手の答えを誘導するためにも質問し、相手に好意を伝えるためにも質問し……、そして質問は、交渉というプロセスを動かすエンジンの役割を担う。

エンジンはあなただけがもつわけではない。相手ももっている。相手も質問する。相手の質問に答えなければならない。しかし、答えたくないときもある。情報を守るためだ。それもスキルだ。

質問の仕方を整理しよう。

1．オープン・クエスチョン

これはイエスやノーといった答えをあえて求めない質問で、相手に語らせる質問である。

交渉の現場は、1回めでも2回めでも、ちょっとした世間話から始まる。もちろんオープン・クエスチョンだ。そして交渉の本題に入る。やはり全体状況の情報交換から入る。そのときもオープン・クエスチョンだ。相手に語らせるためだ。相手が多くを語ればそれだけ多く情報が手に入る。あせらない。

「最近の市況についてどのようにお考えですか」、「この業界に他業種の会社が参入しようとしているようですが、この契約を早めに締結したいものですね」、「これで3回めの交渉ですが、少し停滞ぎみですね。交渉の進展を阻んでいるのは何なのでしょうか。ご意見をお聞かせいただければと思います」、「過日お話のあったABCについて、もう少し詳しくご説明いただけませんか」といった具合だ。相手が答えやすい、あるいは相手が話したいと考えていることを引き出す質問をする。そして、相手の答えに耳を傾ける。

漏斗《じょうご》というものを知っているだろうか。ビンに液体を注ぐときに用いるもので、上の口は丸く大きく、下の口がビンの口に入る大きさになったラッパ型の道具だ。

質問の仕方も、漏斗型がよい。初めはオープン・クエスチョン、あとは進むにしたがって、クローズド・クエスチョンへと移行する。

2. クローズド・クエスチョン

クローズド・クエスチョンとは具体的な答えを求めるもので、イエス・オア・ノーの答えを求める質問もそのうちの1つだ。

具体的な質問は、情報を明確にさせ、相手のあいまいな答えをはっきりさせることができる。あなたの手持ちの情報を相手に確かめるためにも、この質問は有効だ。たとえば、こういう風に質問する。

「あなたのおっしゃることは、ＸＹだと理解してよろしいか」。こう、訊かれると、違うとは言いにくいものだ。そして、「ＸＹにはＺを含まないという意味ですね」、「Ｚを含めたＸＹＺではこの問題は解決しないのですか」、「あなたは、今、ＸはＹだとおっしゃったが、ＸはＺでもあると思いますが」といった具合だ。そして、「ＸＹＺの解決もありえましょうが、観点を変えてみると、ＡＢＣという解決方法もあるのではないですか」といった具合に、代替案の提案をする質問の仕方もある。

質問は、相手の心や考えを動かす梃子《てこ》になる。上手な質問をする人、つまり上手な質問を作る人が、交渉をリードする。あなたもよき質問者になれる。

3．沈黙

「沈黙は金」という諺がある。思うに、交渉の世界でもやはり「沈黙は金」であろう。言葉は銀だ。質問の仕方の中に、沈黙も入れたい。沈黙は、答えを保留した質問だからだ。使い方はこうだ。

たとえば、あなたの会社を欲しいという外資が現れ、長々と交渉した末に「１００億円で買いたい」と言う。あなたは、とんでもないと考える。受け入れがたい。こんなハシタガネでは売れない。「俺の会社はもっと価値がある」。では、この買収話を破談にするのか。あなたは、それもできない。あなたには後継者がいない。いずれは売らなければならない。そして、今がチャンスでもある。100億円ではいやだが、これに数十億円の上積みがあれば売ってもいい。出してくれるか。しかし、そんなことを言葉にするのはむずかしい。こんなとき、あなたは沈黙するのだ。

沈黙の仕方は、結構むずかしい。ポーカーフェイスで沈黙する。怒ったり、喜んだり、困ったりといった心の中を覗かせる表情は絶対にしない。反応しない。沈黙は、人を困惑させ、混乱させ、ときとして脅しにもなる。「沈黙は金」なのだ。

相手は考える。「どうしたというのだ。なぜ、返事が返ってこないのだ。何かまずい言い方をしたのか。100億円ではあまりにも安く、相手を傷つけ機嫌をそこねてしまったのか。では、いったいいくらならいいと言うのだ。相手の機嫌を直すには、どうしたらよいのか」。あなたは、黙って相手が口を開くのを待つ。時間が少し流れる。びっくりするような言葉が、相手の口から飛び出す。「沈黙は金」なのだ。

このポーカーフェイス作戦のほかに、もう1つの場面で沈黙を使うことがある。相手を喜ばせる沈黙だ。それは、相手が提案し、あなたがこれを受け入れ、〝イエス〟、〝オーケー〟と言う、その劇的な場面で使う沈黙だ。

相手の提案が終わり、あなたが〝イエス〟、〝オーケー〟と言う間、しばらくの時間、少し長めに沈黙を差し込む。顔は笑っていてもいいだろう。そして、〝イエス〟、〝オーケー〟と言う。相手はあなたの手を握り、喜ぶ。喜びのあまり、あなたに抱きつくかもしれない。

4. 自問

これが一番大事なことかもしれない。あなたは常に自問するのだ。この交渉で、自分が手にしたいものは何か。自分のBATNA《バトナ》は何だったか。相手のBATNAは何か。これから自分はどうすべきか。

BATNAってなんだ。BATNAとは、簡単に言うと、この交渉がうまくいかなかったらどうするか、この交渉を捨ててよいのはどういう場合か、というあなたのギリギリの選択肢のことだ。BATNAについては、いろいろな人がいろいろなことを言っている。「13 BATNAって何?」で詳しく説明したい。

質問に答えない方法

最後にあなたが相手の質問に答えたくないときのスキルを伝えよう。出したくない情報があるとする。相手はその情報を求めて質問する。ブロックする方法はおよそ次の5つだ。

1. 質問に答えず、するりと話題を変える。
相手は、質問したことを忘れてしまう。それが狙いだ。
2. 質問に答えず、逆に質問する。
相手は、あなたの質問に答えてしまい、自分の質問に戻れない。それが狙いだ。
3. その質問に答えず、ほかの質問に答える。
その質問の前に、いくつもの質問があった。あなたは前の質問を取り出して、これに答える。その間に相手は、今言った質問を忘れる。それが狙いだ。
4. 答え方を工夫する。
アバウトに答えるか、逆に狭く答えて、相手が求めている答えを言わない。質問と答えが噛み合わないうちに、次の話題に移っていく。それが狙いだ。

5．その質問には答えられない、と言う。

「プライバシーにかかわる」、あるいは「企業秘密にかかわる」と言い、「だから答えられない」と断る。相手は不愉快な顔をするが、深追いはしないだろう。それが狙いだ。

この5つのスキルをたくみに使っている自分に気づくとする。そのとき、あなたはすごいネゴシエーターになっている、というわけだ。

どうするネゴ・スキル 7

カリスマ交渉者がやってくる

Negotiation Skills

あなたはカリスマになる。カリスマは生まれつきのものではない。
学び、身につけるもの。
あなたがカリスマになれば、相手のカリスマを恐れることはない。
カリスマはカリスマの影響を受けないのだから。

カリスマって何？

あなたは、カリスマを相手に交渉することを恐れている。それは怖い。怖いに違いない。あなたが怖いのは、そのカリスマに操られることだ。カリスマの言うままに、イエス、イエス、イエスと応じてしまう。それが怖いのだ。

カリスマとはそんなに力のあるものなのか。カリスマとは何だ。まずは、それを知る。それがカリスマに対抗するネゴ・スキルなのだ。

カリスマについて答えるのは、実はむずかしい。ここでいうカリスマとは、カリスマ美容師やカリスマ店員、カリスマモデルなど、一般大衆が人気者を呼ぶときに使うカリスマとは違う。このことはあなたも知っている。

少しむずかしい話になるが、カリスマ（charisma）はドイツ語である。語源は「神の恵み」というギリシャ語。今では世界中の人々がカリスマという言葉を使っている。

カリスマとは何だ。

実は、カリスマとは摑まえどころのない、定義づけることがほとんど不可能な言葉なのだ。いろいろな人が、この言葉に、いろいろな意味を与えている。

カリスマの意味について考える旅に出てみよう。

最初にカリスマを使ったのは、ドイツの社会学者であるマックス・ウェーバー（1864〜1920）だ。彼は、人間を支配する権威の類型は3つあり、1つは伝統の権威、2つめは合法の権威、3つめはカリスマだと言った。つまり、カリスマは権威だというわけだ。権威は人をしたがわせる。人は権威にしたがう。たとえば、辞書を覗くと、カリスマとは、自然に人々の心をつかみ人々に影響を与える能力だと説明している。

それでは、実在したカリスマ、あるいは実在するカリスマは誰か。これなら、あなたも名前を挙げることができる。そして、その人たちがどんな資質や能力や才能をもっていたか、あるいはもっているかを見ることが、カリスマを知ることの近道だ。

ナポレオンはどうか。カリスマだ。アドルフ・ヒトラーはどうか。やはりカリスマだ。ジョン・F・ケネディもマーティン・ルーサー・キング・Jrもカリスマだ。吉田茂はどうか。田中角栄はどうか。カリスマだ。小泉純一郎はどうか。カリスマであろう。カリスマは歴史上の人物や政治家だけではない。たとえば、オウム真理教の麻原彰晃はどうか。カリスマだ。カリスマはほかにもいる。彼らは人々を虜《とりこ》にし、導く。

この力、この力をもたらす資質、能力、才能は生まれながらのものなのだろうか。そうだという人々がいる。彼らはカリスマを生まれながらの特別なものとし、これに神秘性、特異性、超人間性のベールをかける。

一方、カリスマは天賦《てんぷ》のものではないとする考えがあり、実は、これが支配的だ。

カリスマの特徴をとらえなおしてみよう。

人間的な能力にあふれている。人を大切にし、人の心をつかみ、引きよせる。洗練されたコミュニケーション力をもつ。常に平静を保ち、自信に満ち、正直で、ものごとに集中し、とびきりの弁論術をもち、そして説得力がある。

これらはカリスマの特性の一部だ。実在した、あるいは実在するカリスマは、この中のいくつかをもっている。さらに言えば、カリスマは人々の心を包み込み、人々はそのようなカリスマに特別の好意を寄せる。その結果、人々はカリスマにしたがうというわけだ（カリスマには、ネガティヴなものもあるが、ここでは触れない）。

カリスマの特性を眺めてみると、いずれもあなたが学び身につけることのできるものばかりではないか。そうなのだ。カリスマは生まれつきのものではない。学び、身につけるものなのだ。あなたもカリスマになれる。

リチャード・ワイズマンという学者がいる。『The Luck Factor』(「運の要素」)を著し、「Change your luck」(「運を変えよ」)と書いたあのドクター・ワイズマンだ。彼が面白いことを言っている。カリスマの特性の1つは、他のカリスマの影響を受けないことだという。なるほど、そうなのだ。あなたが、カリスマ交渉者に立ち向かうには、あなたがカリスマになればいいのだ。

では、どうしたらカリスマになれるのか。ドクター・ワイズマンは、カリスマになりたい人のために助言している。それは、こうだ。

1. カリスマは、普通、オープンな姿勢を取り、まっすぐに立ち、話すときは両手を顔からはなし、リラックスし、手のひらを前方または上に向ける。

2. カリスマは、人に対するとき、その人自身が重要な存在なのだと気づかせ、その人の傍にいることを楽しみとし、心から笑い、話にうなずき、その人の上腕に軽く触れ、そして、アイコンタクトを絶やさない。

これならあなたもできる。だが、これだけではカリスマになれない。カリスマへのプロセスもまた、むずかしいのだ。

あなたがカリスマになったとしよう。どんなことが起きるのか。なぜか人々はあなたに好意を抱き、あなたの傍にいたいと思い、あなたにしたがいたいと思う。この摩訶不思議なカリスマとは何だ。

あなたがカリスマになるには

そこに至るにはどうしたらいいのだろう。いくつかの方法がある。それを伝えよう。やってみる値打ちはある。

1. 相手を大切にする

今、会っている人を大切に思う。そして、それを言葉ではなく、態度で相手に伝える。カリスマのもつコミュニケーション能力は、半分以上言葉以外のものなのだ。

2. 相手を心から褒める

心から褒めることを学ぶ。それができたとき、相手は心を開き、あなたの話に耳を傾ける。

3. 微笑みを忘れない

あなたは微笑む。相手は微笑み返す。相手の微笑みが終わっても、あなたの微笑みをほんの少し残す。これがコミュニケーションのコツだ。

4. 身だしなみを整える

言葉は大事だ。だが、言葉以外のメッセージがコミュニケーションを支配する。身だしなみを整え、立ち居振る舞いを正しくする。

5. 共感する

会っている人に感情を移す。その人の立場に立って共感する。もちろん、自分を見失うことではない。

6. 人への好奇心をもち続ける

目をよく開き、相手をよく見る。相手を発見し、あなた自身を再発見する。

あなたは、遂に、カリスマ交渉者を相手にする。相手のカリスマが何ほどのものかは、あなたの目にはっきりと映る。もし、相手が、強圧的な態度を示すなら、そのことだけで、すでにカリスマではない。本当のカリスマ交渉者は、微笑みながら現れる。

彼が携えるカリスマは、学びそして手に入れたものだ。彼の学びのプロセスは、あなたがこれから始めるプロセスと全く同じもの。あなたから怖さは消えている。もちろん、カリスマ交渉者は交渉スキルももっている。あなたにはネゴ・スキルがある。だから、心配はない。リラックスしたあなたは、目の前のカリスマと楽しく交渉をスタートさせる。

そう、カリスマはカリスマの影響を受けないのだから。

どうするネゴ・スキル　8

相手は２人で GG/BG だ

Negotiation Skills

GG／BGとはGood Guy／Bad Guy作戦、すなわち善玉／悪玉作戦のことだ。よく使われる。効果もある。裁判官だって一人芝居でこの手を使う。

これを撃退する方法はあるか。それがあるのだ。いろいろと——。

2人一組で交渉を有利に導く第一級のスキル

GG／BGはGood《グッド》 Guy《ガイ》／Bad《バッド》 Guy《ガイ》の略。Good《グッド》 Gal《ギャル》／Bad《バッド》 Gal《ギャル》でもいい。いいヤツと悪いヤツのことだ。善玉と悪玉と言ってもよいが、語感が少し古い。

交渉を2人で行う。1人はGGの役、もう1人はBGの役を演じる。この2人がたくみに相手にプレッシャーをかけ、交渉を有利に導く。交渉スキルとしては第一級のものだ。そして、誰もが日常的に、意識的にあるいは無意識のうちに、GG／BGのスキルを使っている。面白いことに、それと知らずにその手に乗ってしまうことも多いが、それと知ってもその手に乗せられることも、結構多いのだ。

GG／BGに対抗するネゴ・スキルを紹介する前に、GG／BGというものを少しだけ掘り下げたい。

GG／BGの例をいくつか挙げてみよう。

1. ある大型電器店

中年夫婦らしき男女がやってくる。50インチの薄型テレビの前に立つ。店のマネジャーが説明を始める。男は10万円のディスカウントを要求する。マネジャーは言う。ご覧のとおりの赤札商品でこれ以上のディスカウントはできない。男は怒り出す。そのうち、マネジャーの態度が悪い、横柄だ、客に対する態度ではないと怒鳴り出す。周りの客がふりむく。

そこで女は、マネジャーの袖をつかんで店のコーナーへ。女は頭を下げて「ごめんなさい」と謝る。「うちの人はいつもアーなのよね」と愚痴る。そして、マネジャーの耳に口をあて、こそこそと囁く。「これだけ値引きしてくだされば、なんとか夫をなだめますけど――」。マネジャーは、男が引き起こしたこの不愉快な状況から早く抜け出したい。そして、女が囁いた値引きをする。

これは現実にある出来事だ。男はBad Guy役を、女はGood Guy役を、いやいやGood Gal役を演じている。この男女の目的は何か。値引きだ。つまり相手に譲歩させることが、GG／BGの目的というわけだ。

2. ある警察署の取調室

鉄格子の窓を背に男は座り、テーブルをはさんで警官Aが座っている。そう、テレビや映画でよく出てくるシーンだ。警官Aは鬼のような顔で男を睨みつけ、机を叩き、大声を張り上げて自白を迫る。オマエを10年間刑務所にぶち込むと怒鳴る。男はおびえるが口を割らない。すると机の上の電話が鳴る。警官Aは受話器を取り上げて、なにやら喋る。「すぐもどるから待っとれ」と言い置いて、ドアをバタンと閉めて出ていく。

すると、別の警官Bが取調室に入ってくる。好感のもてる顔、やさしい声で言う。「オマエのやったことはやったことで、どうしようもないではないか。だが、相手を傷つけたわけではない。女の子を脅してカネを取り上げただけだ。オマエが本当のことを話せば、検事さんにとりなしてやる。執行猶予ということもある。悪いようにはしない。どうだね。脅しに使ったナイフをどこに捨てたのかな。言ってごらん」。警官Bはドアの方をふり返りながら、今にも警官Aがもどってくるような素振りをする。

男は自白する。ナイフを捨てた場所を言う。男はオチたわけだ。

このやり方は誰でも知っている。映画やテレビのドラマの中で見たことがある。そして名前がついている。Good《グッド》 Cop《コップ》／Bad《バッド》 Cop《コップ》だ。Copは警官のこと。警官AはBad Cop、警官BはGood Copだ。警官A、Bの目的は何か。自白だ。

3. 都市郊外の土地持ちの屋敷

座敷にあなたがいる。あなたはある建設会社の営業担当者。あなたはその土地持ちに相続税対策としてマンションを建てることを勧めてきた。土地持ちは息子と話をせよと言うので、息子と交渉してきた。息子はあなたの高校の同窓生。話は進み、マンションの図面もできた。工事請負代金もX億円と決めた。オヤジのことはまかせとけと息子は言う。あなたは契約書を作り、X億円と記入し、夕方、約束の時間に土地持ちの屋敷へ。あなたは座敷に通される。土地持ちと息子を前に、あなたはプレゼンテーションをする。息子との話し合いの経過を報告し、図面と契約書をテーブルの上に広げて説明する。プレゼンテーションは終わる。あとは契約書に調印をしてもらうだけ。

だが、オヤジの顔色がさえない。契約書の工事請負代金をじっと見つめている。悪い予感があなたを襲う。「X億円? ダメだ。この金額じゃ契約できん。マンションも建てん」。オヤジはすっと立ち、座敷を出ていく。あなたは唖然。その夜あなたは痛飲。息子がつきあう。「なぁオマエ」と息子。「なんとかオヤジを説得するって。オヤジにとってX億円はショッキングな数字だったと思うよ。オマエの方もX億円から値引きすることはできるだろう。1億円まけよとは言わんが、5000万円は値引きしないとな。オマエは社長を説得するんだな。そうすればオレがオヤジを説得する。いいか。オレはなんとかオマエに手柄を立てさせたいんだ。なぁ、友だちじゃないか」。

あなたは、GG/BG作戦の罠に落ちた。Bad Guy役はオヤジ、Good Guy役は息子だ。この親子の目的は何か。請負代金の値引きという譲歩だ。あなたはナイーヴだった。

GG/BGとは、相手にプレッシャーをかけて譲歩させてしまう巧妙な交渉スキルだ。

BGすなわちBad Guy役は、交渉相手に対し、挑戦的で押しの強い態度をとり、理不尽な要求を突きつけ、これにしたがうよう要求する。

GGすなわちGood Guy役は、やさしい友好的な態度をとる。そして、Bad Guy役のことを謝り「アイツはいつもああなのだ。ワタシも手を焼いている」などと言い、交渉相手の味方のように振る舞う。最後にはたくみに相手から譲歩を引き出す。GG/BGの交渉相手はまんまと引っかかる。BGに不愉快な思いをさせられたあと、すぐにＧＧに謝られ、あなたの味方だと言われる。ＧＧはＢＧと同じ穴のムジナ。それでも、やられてしまう。

なぜなのか。その理由について２つの考え方がある。１つは、ＢＧの悪態に対するリベンジの心理がそうさせるというもの。もう１つは、ＧＧの好意に対するお返しの心理がそうさせるというものだ。

ともあれ、このＧＧ／ＢＧスキルは、交渉当事者の間に対立を生まないのが特徴の１つでもある。それだけ効果があるということだ。

GG／BGはこうして撃退する

さて、あなたがＧＧ／ＢＧをやられているという想定のもとで、これに対抗するネゴ・スキルを紹介しよう。実際に使われているものだ。

1. にっこり笑って一言

あなたは、にっこり笑って言う。「おやおや、あなたたちはGood Guy／Bad Guyを私に仕掛けているってことですか。それはやめて、本筋にもどって腹を割って話し合いましょう」。怒った顔、不愉快な顔はしない。しらっとした顔つきで、そう言い切るのがいい。彼らはGG/BGをやめる。

2. こちらもBGを創る

あなたは相手のGG/BG作戦に乗ってみせる。そして言う。「私はあなた方の求めていることに応じてもいいと思っているんですよ。本当ですよ。でもね、本社では、こわいこわい担当役員が私の帰りを待っているんです。たぶん、あなた方の要求は受け入れられませんね」。あなたにはそんな担当役員などいない。架空の Bad Guy をあなたが創り上げたというわけだ。そして、相手のGG/BG作戦を打ち砕く。

3. 疲れさせる

相手の2人にGG/BGをいつまでも続けさせる。あなたは反応しない。下手な芝居を見ているつもりでいい。2人は疲れる。うんざりしてGG/BGをやめてしまう。

4．きつい一言

あなたはGood Guyに言う。「Good Guy／Bad Guyをやっていることは分かっています。今から、Bad Guy役の言ったことは、あなたが言ったことと判断し、あなたに責任をとってもらいます。いいですね」。

GG／BG作戦はとりやめとなる。

5．協力を呼びかける

あなたはBad Guyに言う。「あなたがBad Guy役を演じていることは分かっています。こういうことはやめましょう。私はあなた方と同じようにこの交渉をまとめたいと願っているのです。胸襟《きょうきん》を開いて話し合いませんか」。

Bad Guy役は消えることになる。

一人二役でもできるGG／BG作戦

もうお分かりと思うが、。GG／BGは1人でもやれる。パターンは2つ。

1つは、前記2のネゴ・スキルの場合がそうだ。別の例で説明しよう。あなたが土地を探しているとしよう。広告を見て電話をし、不動産屋に会う。現地に赴く。価格交渉が始まる。つまりは値下げ交渉だ。不動産屋の売買価額とあなたの言う売買価額がなかなか一致しない。

そこで不動産屋が言う。「あなたのおっしゃる価額も市場価格から言うといい線だと思います。私が地主なら手を打てる金額です。でもね。地主は強気の人です。よろしい。あなたのために一肌脱ごう。地主に会って頑張ってみます。できるだけあなたの言う価額に近づけたいと思います」。不動産屋があなたの味方なわけはない。おそらく、地主が不動産屋に指示した価額幅の中にあなたの言う価額は収まっている。不動産屋はあなたの前で「強気の地主」を創り上げたのだ。もちろん地主には会わない。2、3日後に不動産屋はあなたに電話を入れる。「いやー説得に苦労しましたが、あなたのおっしゃる価額にかなり近づけることができました。ご納得いただきたいのですが――」。あなたは不動産屋の言うがままだ。GG/BGの一人芝居にやられる。

もう1つのパターンとして、裁判官の例を引こう。民事裁判では、裁判官はたいてい裁判の途中で当事者に和解を勧める。損害賠償請求事件で、1円も払わないと頑張る被告を説得して、いくらか払わせて和解させたいと裁判官が考えたとする。そのとき裁判官は自分をGood GuyとBad Guyの2つに分離する。まず、被告に対してGood Guyを演じる。「あなたのために言っている。るる説明したように、このあたりの金額を原告に支払うことによって、事件を和解で収めるのがいい。私は、かなりあなたの言い分に配慮している」。そのあとで、Bad Guyの自分について語る。「もし和解ができないときは、判決となる。そのときは公正な判断を下さねばならない。今あなたに言っている金額より多くなる可能性もある」。これはかなりのBad Guyぶりだ。

あなたもＧＧ／ＢＧをやることがある。もちろん、あなたはGood Guy役を演じたい。では、誰がBad Guy役を演じることになるのだろうか。また、2人の息は合うのだろうか。バレたらどうする。ＧＧ／ＢＧを使うのも結構むずかしいのだ。

ＧＧ／ＢＧの弱点を拾うとすれば3つある。1つは、誰でも知っていて、すぐにバレること。2つめは、敵対はしないが不愉快な気分が場を支配すること。3つめは、エネルギーがいることだ。それにもかかわらずＧＧ／ＢＧは使われ続けている。それだけ効果があるのだ。ＧＧ／ＢＧ恐るべし。

どうするネゴ・スキル 9

ボディランゲージが読めない

Negotiation Skills

コミュニケーションは言葉とボディランゲージで成り立っている。
しかも、ボディランゲージが発信する情報量が圧倒的に多いのだ。
これが読めなければ交渉はできない。
さて、ボディランゲージをどう読むか。

交渉は人を見る目の力量が問われる

あなたは大切なことに気がついた。ボディランゲージを読めなければコミュニケーションができない。ましてや交渉もだ。恐ろしいのは、相手もあなたも、無意識のうちにボディランゲージで情報を発信しているということだ。相手もそれをコントロールできない。あなたもそれをコントロールできない。

あなたは考えたことがあるはずだ。人は相手の言葉、声、顔から情報を得る。そのパーセンテージはどうか。認知心理学者が実験を繰り返して研究している。ある学者によれば、人は対面する相手の顔から55%、声から38%、そして言葉から7%の割合で情報をつかむという。言葉からはたったの7%、顔と声で93%だ。驚きではないか。ほかの学者も、だいたい同じことを言っている。すなわち顔の表情、姿勢、体の動き、アイ・コンタクトなどから得る情報は50%、声の調子、色、ピッチ、音量、強弱などからは35%、言葉からは、やっぱり少ない、15%だと言うのだ。

ボディランゲージの解釈に移ろう。これからの話は一般論だ。その人のもつ癖、習慣、そして文化などによって微妙に意味が違う。だから解釈を間違えることもある。修正するかどうかは、あなたの人を見る目の力量にかかる。とは言うものの、解釈を修正する必要がほとんどないのもまたボディランゲージらしい。

ボディランゲージを読む。そして、その意味を知れば、あなたもこれを利用できる。

目は語る

アイ・コンタクトについて話そう。人は会話をするとき、数秒間、視線を合わせる。2、3秒かな。そしてはずす。2、3秒。また合わせる。これを繰り返す。交渉の場合は、アイ・コンタクトの時間は長めとなる。

たとえば、交渉中に相手のアイ・コンタクトが長くなる。相手は、あなたの話していることに興味をもったのだ。いや、あなた自身に、かもしれない。逆に、あなたがこれを利用することもできる。相手に好意や関心を示すために長めのアイ・コンタクトをする。でも、睨んでいると思われるのはダメだ。

問題は、交渉なれのしていない相手、コミュニケーションの苦手な相手、気詰まりな空気に包まれた相手、日本人に多いのだが、こういう相手に対しては、長めのアイ・

コンタクトはいけない。コンタクトをはずす時間を長くした方がいい。アイ・コンタクトはむずかしいのだ。

さて、具体的なコツを1つ、2つ。

あなたがチームを率いて交渉している。今、この部下に話をさせたいと思ったとき、その部下に視線を送る。部下は必ず話し始める。

あなたが交渉の場を支配しているとしよう。話してもらいたい人物に視線を向ける。その人物は必ず話し始める。

相手が熱心に長めの話を始めるとしよう。そのときはアイ・コンタクトをはずす。アイ・コンタクトを続けると「話を止めよ」のサインと間違えられる。そして、ときにアイ・コンタクトをもどして頷く。もっと聞きたいというメッセージを送るのだ。

アイ・コンタクトの読み方はほかにもあるが、それはあなた自身の経験から学んでほしい。目は口ほどに、いやいや目は口よりも、ものを言うのだ。

面白い話を追加しよう。興味のあるものを見ると人の瞳孔は開く。女性に赤ちゃんの写真を見せると瞳孔は開く。男性に女性のヌード写真を見せると、やはり瞳孔は開く。女性は男性の身体に興味を示さないと言われてきたし、信じられてもきたが、ある学者が実際に実験してみたそうだ。男性のヌード写真を女性に見せた。瞳孔は開いた。やっぱりだ。これは、使える話ではないか。

嘘は隠せない

これからの話も認知心理学の学者が言うことだ。わたしも日常的に同じことを経験している。

1．嘘をつくとき、人は手を隠す

手の動きから心は読まれる。人はそれを恐れる。だから嘘をつくとき、手を隠す。意識的だろうか。たぶん、無意識なのだ。

2．嘘をつくとき、人は手で顔をさわる

たぶん、あなたも知っていることだ。手を口のあたり、鼻のあたりにもっていく。それも何度もだ。嘘を隠そうと思って自分の口を押さえていると学者は言う。それも無意識のうちにだ。

だから、あなたが嘘をつくときは、手を縛っておかねばならない。ということは手を隠すということだ。やはり嘘はバレる。

3. 嘘をつくとき、人は何度も姿勢を変える

確かにそうだ。何度も姿勢を変えたり、足を組み替えたり、不自然な行動をとる。この場から早く去りたい、逃げ出したいという無意識の欲求がそうさせるらしい。

4. 嘘をつくとき、人は目だけで笑う

不安を隠すためだ。

5. 嘘をつくとき、男性はどうする、女性はどうする

やはり認知心理学の学者が言っている。男性が嘘をつくとき、視線をそらす。女性が嘘をつくとき、相手を凝視するという。

間違いない。わたしは多くの女性に確かめてみた。すると女性たちはみんな、しばらく考えてから、「そう言えばそうね。私はそうしてきたワ」と答えるのだ。まさし

く女性は相手を凝視しつつ嘘をついていたのだ。嘘がバレたかバレなかったかを確認しようとするためだ。男性は嘘をつくとき、罪悪感にさいなまれて視線をはずらしい。男性は弱い。

頭のてっぺんから足の先まで

1．外観は影響する

外観が相手に与える影響を考えたことがあるだろうか。外観の良さが、そのまま好ましい人だ、頭も良さそうだ、信用し信頼できる人だと、相手に思わせてしまう。そんなバカなと、あなたは思う。だが、そうなのだ。相手はあなたの外観を見、あなたもまた相手の外観を見る。そして、お互いに影響を受ける。

女性の外観が及ぼす影響の大きさは男性の比ではない。というわけで、身体的なアピアランスは大切だ。気をつけよう。

2．頭の動きに注意

相手が椅子に座っているときの頭を見る。頭を後ろにそらしているときは、相手はあなた見下しており、いささか傲慢になっている。頭が前に出ているときは、あなたとあなたの話に興味をもち、積極的に聴きたいと考えている。

頭が横を向いているときが問題だ。話を聞いていないのではないか。あなたは不快になる。が、実は考え中というポーズなのだ。少し見守る。考えさせる。それがコツだ。

3．情報は顔から漏れる

笑顔について確かめてみよう。目だけで笑う。先に触れたが、これは嘘をついているときの特徴だ。顔半分で笑う。あなたの話に乗りかけている。顔全体で大きく笑う。合意間近だ。口はどうか。口を真一文字にきつく結ぶ。拒否や反対のサインだ。

4．手や腕は多弁だ

胸の前で腕を組む。それは癖かもしれないし、あるいは寒いせいかもしれないが、一般的には拒絶のサインだ。

拝むように両手を合わせる。哀願を意味する。しかし、机の上に両肘をつき、前腕と手で三角形を作る。これはゆとりと自信の現れだ。

5. 足は表現する

相手が足を組んでいるときは、話はこれからだ。組んだ足をぶらぶらさせていたら、退屈のサインだ。そして、確実に言えることがある。交渉が真剣味を帯び始めるとき、交渉がまとまるとき、交渉者は必ず両足を床につける。わたしの経験はそれを教える。

6. 歩き方を見よ

交渉の場に臨むとき、相手はどう歩いて入ってくるかを見る。あなたの歩きは見られている。ごく普通に歩くのがいい。ノロノロ歩きはバカにされ、急ぎ足は軽く見られる。

ミラーリングを知る

最後にミラーリングを伝えたい。

あなたはコーヒーショップで若い男女のカップルを眺める。あぁ、いいな。そう思うだけなのだろうか。もう少し観察してみたい。小さなテーブルに向かい合った2人。女が足を組む。すると男も、やおら足を組む。男がコーヒーカップに手を出す。すると女も、コーヒーカップに手を出す。飲む。そして飲む。まるで鏡に映したように2人は真似をし合う。無意識だ。

この同化作用を「ミラーリング」と呼んでいる。あまり嬉しくはないが、ミラーリングについてはサルも人間も同じらしい。

交渉相手を見る。相手がミラーリングを始めたら、それは打ち解けたしるし。あなたに好意をいだいたのだ。あなたへの信頼感が生まれ、あなたの提案を受け入れようとしている。そう解釈して間違いない。ということは、あなたが相手にミラーリングを仕掛けることもできるということだ。やってみる。すると相手は、あなたから好意と信頼を受け取るというわけだ。けれども注意が必要だ。ミラーリングを知っている人にこれを仕掛けると、相手を不愉快にさせてしまう。あなたが仕掛けられたらどうだろう。やっぱり不愉快だ。

実は、アメリカではセールスマンがこのミラーリングを使う。そして、消費者のほとんどがそのことを知ってしまった。今やセールスマンがミラーリングを使うとバカにされると聞いた。日本では、まだ、そこまではいっていない。ミラーリングを仕掛ける余地は充分にある。その効果は相当にある。

追加の話をもう1つ。

ミラーリングも奥が深い。人事の採用面接では、ミラーリングの効果は逆になるというのだ。アメリカでの実験なので日本人に当てはまるかどうかは分からないが、面接者が積極的な性格の場合、穏健な人物を好ましいと思い、穏健な面接者の場合、積極的な人物を好ましいと考えるらしい。これはどうしてなのだろうか。分からない。サルに訊くとしよう。

どうするネゴ・スキル 10

いやいや売り、いやいや買えと言われた

Negotiation Skills

いやいや売るとは、買いたいという相手の欲望をかきたてること。
いやいや買うとは、自分の買いたいという欲望を隠すこと。そこから交渉は始まる。
やってみよう。きっと交渉は成功する。

百万長者アラン・ボンド、トランプに敗れる

わたしの想像だが、あなたは何かを売った。そして売り急いだ。その結果、もっと高く売れるはずのものを安く売ってしまった。急ぐ理由はもちろんあったに違いないが、あなたの心の中に後悔が残る。その様子を見ていた老人が（これもわたしの想像だが）、あなたに言う。

「お若いの。ものを売るときは、いやいや売るものだ。買うときもいやいや買うのがいい。今日の失敗はいい勉強になったはずだ。いいか、いやいや売り、いやいや買う。これを覚えときな」

そのとおりだ。売るときはいやいや売る。知る人ぞ知るロジャー・ドーソン氏が、その著書の中でかの有名なホテル王ドナルド・トランプにまつわるこんな話を紹介している（『Secrets of Power Negotiating』〈second edition〉: p.39）。

1991年のことだ。ドナルド・トランプは頭を痛めていた。彼は不動産をかなり抱えこんでおり、一方、ニューヨークの不動産市況は暴落しようとしていた。やがて

やってくる危機を生き残るためにキャッシュをかき集める必要があった。一番いいのはサンモリッツ・ホテルを売ることだった。このホテルは3年前にヘルムスレーから7800万ドルで買ったものだが、彼は最近そのすぐ近くにある最高級ホテル、プラザ・ホテルを手に入れたのだ。だから、サンモリッツ・ホテルはもういらない。

アラン・ボンド、オーストラリアの百万長者だが、彼がサンモリッツ・ホテルに関心を示す。トランプは、売りたくて売りたくて必死なのだが、いやいや売りを演技する。

「やぁアラン。サンモリッツはダメだよ。あれは私のお気に入りだ。売るつもりはないよ。また、孫たちのために信託に出すんだよ。ほかのものなら何でも売るよ。言ってみたまえ。でも、サンモリッツはダメだ。とは言うもののアラン、君にこう訊くのがフェアーというものだろう。つまりだ、もし買えるとしたら、君がわたしに提示できるベストプライスはいくらだい」

この話の結末はこうだ。

アラン・ボンドはサンモリッツ・ホテルを買うのに1億6000万ドルも払った。

トランプはやがて起きる不動産不況を乗り切るのに必要なキャッシュを手に入れたというわけだ。トランプは買い値の倍で売っている。そのキャッシュの大きさはドルを円に換算してみるとよく分かる。なぜこんなにも高値で売ることができたのか。

それはいやいやいや売ったからだ。売りたくて、売りたくて、売りたくて。でも、いやいや売った。このこらえどころが大事だ。トランプはボンドに言った。「売らない。売るつもりはない」。そしてさらりと付け加えた。「もし買えるとしたらいくら出すかね」。

こういう訊かれ方をすると高めの金額を言ってしまうのが人間の心理だ。欲しいという気持ちがそうさせる。ボンドもそうしたに違いない。ところが、この金額がボンドを縛る。後日、トランプとボンドはサンモリッツ・ホテルの売買交渉を始めるが、ボンドが示したこの金額から交渉はスタートする。金額は積み上がる。そして、ボンドは、1億6000万ドルの大金を払うことになる。

いやいや売る、とはこういうことだ。相手の買いたいという欲望をかきたてる。そして、交渉を始める前に、相手にカードを切らせてしまう。一度口にするとあと戻りはできない。それが人間だ。

ところで、「ベストプライスはいくらだい」と訊かれたボンドが、こう答えたとしよう。「むずかしい質問だな、ドナルド。仮にあんたが売りに出すとしたら、ベストプライスはいくらだい」。

トランプは「いやぁ、考えてもいないな」と逃げるだろうか。たぶんそうだろう。しかし、売りたいトランプはボンドをお茶に誘うかもしれない。バーに連れ込むかもしれない。そして、トランプの方から「仮に売るとしたら……」と金額を口にするかもしれない。その金額は1億6000万ドルよりは低いはずだ。

後日、2人はサンモリッツ・ホテルの売買交渉を始める。そのときはトランプが口にした金額から交渉はスタートする。金額はカットされていく。

このように、ボンドの一言で状況は全く違う展開を見せたかもしれないのだ。だが、現実はそうではなかった。

先に売買金額を口に出した者が交渉に敗れる。あと出しジャンケンがいい。ネゴ・スキルの1つだ。かと言って、いつもあと出しばかりはできない。交渉には、先に口火を切る局面もある。そのときは事前に情報収集をし、交渉の先行きを予測し、自信をもって言う。そういうこともある。

「いやいや買う」＋GG／BGの高等テクニックで攻める

意識を逆転させよう。あなたは売り手から買い手に変わる。そして、いやいや買う。これをやってみよう。

あなたは、ある会社の副社長。コンピューターソフトのセールスマンがあなたの前にいる。取引先からの紹介でやってきたのだ。テーブルの上に資料を広げ、熱心にプレゼンテーションをする。あなたはそれを聞く。このソフトは高い。５０００万円と消費税だ。ソフトの中身はいい。なかなかのものだ。買ってもいい。しかし、だ。値引きさせ、買い叩きたい。ソフトなどというのはすぐに時代遅れとなる。中身は採用した瞬間から劣化する。

セールスマンのプレゼンテーションは終わる。あなたは質問を繰り返す。これでもか、これでもか、これでもか。セールスマンは疲労する。表情に表れる。そこであなたは言う。

「充分お話は伺った。ありがとう。ものそのものはかなりいいものだ。と、私個人としては思うね。だが、当社が欲しいものとは少し違うようだ。残念だ。ものはいいのだから他社には売り込めるのではないか。頑張りたまえ」

セールスマンは落ち込む。カバンの中に資料をつめ込み、頭を下げ、最後の挨拶をして、部屋を出ようとする。そのセールスマンの背中めがけて、あなたは声をかける。

「君、ちょっと待ちたまえ。訊くだけ訊いておきたいのだが、もし、当社が買うと言ったら、いくら値引きするのかね」

セールスマンは唖然とし、一瞬の間を置いて満面の笑みを浮かべる。そして、上司にかけあえば1000万円の値引きは可能だと言う。あなたは、それで手を打つのだろうか。もちろんあなたは決裁権限をもっている。

考えてみよう。5000万円は、言わば、最初の言い値でしかない。誰もこの値段では買わないし、売れるとも思っていない。セールスマンには与えられたボトムラインの値段があるはずだ。それ以下では売ってはならないという値段だ。それはいくらだろう。4000万円がボトムラインではあるまい。先のロジャー・ドーソン氏に言わせると、先のセールスマンの値下げは、初めの言い値とボトムラインの真ん中あたりだという。アメリカのセールスマンはしたたかだ。

あなたはアメリカ人だ。セールスマンにこう言う。

「まだまだ値引きの余地はある、と私は思うね。ギリギリのところを言ってみたまえ。そうしたら当社の上層部にはかり、買ったらどうかと勧めてみよう。君の熱意にほだされたんだ。君のために頑張ってみるよ。どうかね」

セールスマンは、上司に電話をかけさせてほしいと言い、部屋を出る。しばらくして部屋に戻る。さらなる値下げをあなたに告げる。たとえば1500万円の値引きだ。

数日後、あなたはそのソフトを3500万円で買ってもよい。もう1つ粘ってもよい。「いやぁ、困った。上の連中がね、3000万円なら買っていいって言うんだよ」。

これは Good Guy / Bad Guy 戦術だ。


このように考えていくと、いやいや売り、いやいや買うというのは、甘ちゃんのわれわれ日本人には少し違和感がある。だが、日本中からそんな違和感が消えていく日も近いのではないか。そう思える昨今だが、どうだろうか。

どうするネゴ・スキル 11

自分の中の心理的なバイアスをチェックしたい

Negotiation Skills

心理的なバイアスは、あなたの中にも、交渉相手の中にもある。

一貫性の罠、パイの迷信、アンカーの縛り、勝者の呪縛、うぬぼれ、レミングの習性……。

さて、どうする。

もう止まらない症候群

あなたはすごい。自分の中に巣喰っている心理的なバイアス（かたより）をチェックしたいと言う。確かに人は、（あなたもだ）、心理的なバイアスをかかえている。そのバイアスが交渉をダメにする。あなた自身のバイアスが罠となり、あなたは罠に落ちる。

バイアスを知る。それを取り除く。そして、合理的で冷静なネゴシエーターとして交渉に臨みたい。あなたはそう考えている。素晴らしいことだ。

あなたのバイアスは意外に多い。そのうちのいくつかを指摘したい。自分を知るということは、ときとして愉快なものではない。気を悪くしないでほしい。

それにしても、なぜバイアスがあるのか。それはあなたがもち歩いている脳のせいだ。「脳はおバカさん」。認知心理学の学者たちがさまざまな実験の結果として、そう結論づけている。論理的な思考や合理的な判断は、おバカな脳によって妨害されている。あなたの脳も例外ではない。これから先は、あなたではなく、あなたの脳について語ることになる。「あなた」と呼ぶときは「あなたの脳」を指している。

あなたは、ある考えを口にする。ある行動をとる。交渉で、ある立場をとる。するとあなたは、これに縛られる。考えを変えることができない。行動を止めることができない。立場を捨てることができない。それが間違いであっても、あなたはすでに理性を失っている。それどころか理性なきエスカレーションの虜になる。もう止まらない。恐ろしいバイアスだ。「私は違う」と、あなたは断言できるだろうか。できない。

実例を探してみよう。著名絵画のオークション会場では、目の飛び出るような金額が積み上がる。天才と言われた野球選手を獲得するために、メジャーは競争してドルを積む。M&Aのために、企業は競って莫大な資金を投入する。頭がおかしくなる。なぜ、そんなことになるのか。

人間は、自分の言葉、態度、行動を一貫したものにしたい、また人にそう見られたいという強い強い欲求に縛られている。一貫性の罠と言ってもいい。あなたもこの罠にはまり、自分の言葉、行動、立場に固執する。心理学者は、この一貫性の欲求がどこからくるのかについて語っている。3つあるという。

1つには、一貫性を保つことで他人から高い評価を受ける。

2つめは、一貫性のある行動は日常生活にとって便利である。

3つめは、一貫性を心掛けることが、複雑な現代社会を生き抜く便法となる。そして、もっと恐ろしいことが指摘されている。人間がある行動をとると、その人間が、自分の行動から自分がどんな人間であるかを知り、信じ込み、それを守ろうとするという。そんなバカな。だが、そうらしいのだ。

あなたはこのバイアスから抜け出せるのか。むずかしいが、あると考えたい。エスカレーションの只中にあっても、あなたは意識的に走りをゆるめて自問する。「時間をさかのぼりスタート地点にもどることができるとしたら、同じ言葉、同じ態度、同じ行動をとっただろうか」。理性の問いかけだ。答えが「イエス」なら走り続けるがよい。「ノー」なら、立ち止まる。一貫性の罠から抜け出せる瞬間だ。

パイの迷信

あなたは（というより誰もがと言いたい）交渉に迷信をもち込む。パイの大きさは決まっている。それを切り分けるのが交渉だ。相手よりもより多く切り取らなければならない。だが、それは迷信だ。迷信はさらにあなたに囁く。「相手にとって良いことは、お前にとって悪いことだ」。悪魔の囁きだ。あなたはやたらと戦闘的になり、相手の提案を悪意をもって退ける。最悪の事態を迎える。

ちょっと待てよ。あなたは気づくかもしれない。気づいてほしい。ちょっとおかしい。パイの大きさは決まっていないのではないか。パイの大きさは変わるし、変えることができる。あなたの想像力があなたに気づきをもたらす。

たとえば、工作機械の大手メーカーA社が中小企業のB社に対して、αという特定部品の購入を申し込む。部品αは特許に守られていて、B社が市場をほぼ独占している。A社の申し込みは1個1000円、数量5万個、納期は4週間後。B社は答える。5万個は用意できるが、納期はちょっと厳しい。1個1000円では売れない。1個2000円で買ってほしい。他社はこの価格で買っている。B社は強気だ。A社の交渉担当は考える。パイの大きさは決まった。単価1000円と2000円の差額1000円をどう切り分けるかの交渉だ。まぁ、状況から言って、目指すは単価1700円で納期は8週間後というところか。

B社の交渉担当はしたたかだった。パイは変化し、動いた。合意された部品単価は1600円、納期は6週間後。だが、合意はそれだけではなかった。A社は1年間に10万個以上の部品αをB社から買う。これを3年間続ける。

A社はB社から別の部品βも買う。単価500円のところ400円とし、やはり年間10万個以上、3年間続ける。B社はA社に対し随時技術者を派遣し、部品着装を指導する。

さて、交渉で勝ったのはどっちだ。得をしたのはA社かB社か。損をしたのはB社かA社か。それは問うまい。合意したのだから、両社にとっていい結果だったに違いない。強調したいのは、パイは動き変化したということだ。交渉すべき項目はほとんどの場合、複数だ。そして、途中で増えたり減ったりする。交渉項目は、当事者それぞれにとって、価値もその優先順位も違う。それが現実だ。

当事者の一方が欲しがっているものを相手も欲しがっていると考えるのは、迷信だ。迷信という固定観念にとらわれてはならない。あなたが交渉に臨むとき、いつも1つを取り1つを譲るというトレイド・オフのチャンスに気を配る。そのチャンスをものにするとき、あなたの迷信は消え去り、交渉は成功する。

アンカー（錨《いかり》）の縛り

船はアンカー（錨）を下ろし、アンカーは海底に届く。船はアンカーと鎖でつながっている。船は流されない。船はアンカーの周辺をうろうろするだけだ。それと同じようなことが交渉で起きる。たとえば、買い手が売り手に低い価格を言ったとする。それがアンカーの役目を果たす。それから先の価格交渉は、アンカーとなった価格から遠く離れることはない。

あなたが新築の分譲マンションを買うとする。パンフレットに印刷された表示価格に縛られ、値引き交渉をしようともしない。交渉しても、大幅な値引きには至らない。このような現象を「係留効果」と言ったり、「アンカリング」と言ったりする。表示価格こそアンカリングの最たるものだ。

たとえば、あなたがある瀟洒《しょうしゃ》な中古の別荘を手に入れたいとする。あなたは不動産業者と会う。不動産業者はすぐに価格を告げる。実は、アンカリングだ。あなたが値引き交渉にある程度成功したとしても、不動産業者が言った価格を基準にしており、アンカリングの縛りから抜け出せてはいない。

アンカリングの縛りを解く方法はあるのか。ある。別の専門業者に評価してもらう。評価は2つ。甘い評価と厳しい評価。それを引っ下げて不動産業者と交渉する。この場合、不動産業者のアンカリングに効果はない。

あなたもまたアンカリングを仕掛けることができる。相手は無意識のうちにはまる。あなたが仕掛けるときの留意点は2つ。交渉の初期段階で仕掛ける。早ければ早いほど効果があり、相手が受ける影響も大きい。これが1つ。もう1つは、仕掛けるアンカリングが極端なものであってはならない。相手が喜んで縛られるような魅力的なものにする。しまった、極端すぎた、と気がついたときは、どうするか。アンカーを引き上げる。改めて下ろし直せばいい。

勝者の呪縛

前にも話したが、再びこの話に入ろう。

あなたは海外旅行に出る。ある国のあるバザールで魅力的な宝石を見つける。売り手に価格を訊く。高い。しかし欲しい。そこで半額に値切ってみた。すると売り手は〝OK〟と言い、宝石はあなたのものになる。

あなたの気分はすぐれない。欲しいものを手に入れたというのに、落ち込む。半額に値切って、相手はすぐに〝OK〟と言った。もっと安く買えたのだ。結果として高い買物をしてしまった。それだけの価値はなかったのだ。なぜ、こんなことをしてしまったのか。それも、自分から半値なら買うと言った。しまった。しまった。しまった。この気分、この感覚を「勝者の呪縛」と呼んでいる。要するに、後悔ということだ。手に入れた、勝った、なのに後悔をする。

宝石の価値について売り手は十二分な情報をもっている。あなたはもっていない。それに気づかずに自分から金額を言ってしまう。買い手の多くは、情報の劣位を認識せずに、金額提示をしてしまう。これがバイアスだ。あなたも、過去の出来事を振り返ってほしい。いくつもいくつも勝者の呪縛を経験している。それなのに、ときどき、やってしまう。それも大事なときに。

勝者の呪縛から逃げる方法はある。あなたも知っているはずだ。まず、正確な情報を得てから取引きを行う。その重要性を理解し実行する。

専門家の力を借りるのも手だ。情報を探し回る手間隙《てまひま》をかけたくない人は、たとえば友人、たとえば良好な関係先と取り引きすればよい。友人や親しい人に安物や欠陥品を高く売りつける人はいない。そうでなくても、良い評判を維持している先から買う。良い評判を維持しているということは、商品やサービス、そしてその価格について信頼性を維持しているということだからだ。ま、一定のブランドを信頼するということか。しかし、ブランドを信頼することとブランドを信仰することとは別だ。念のため。

自信過剰（うぬぼれ）

バイアスはいろいろだ。そのために交渉で失敗することも多い。数あるバイアスの中でも、特にやっかいなのが自信過剰（うぬぼれ）というバイアスだ。傲慢《ごうまん》さを伴うこともある。

そして自分の判断を評価するとき、この自信過剰のバイアスは働く。根絶はむずかしいと言われる。あなたは言う。「自信過剰ではない。うぬぼれてもいない。自分は十二分に謙虚だ」。そう、そのとおり。あなたに取りついた自信過剰のバイアスを取り除くには、常に、「自分は謙虚か」と自問し続けるしかない。それくらいやっかいなのだ。

恐ろしいことに、自信過剰のバイアスは、自分の知識が限られているとき、状況が不確実なときに頭をもたげるのだ。その結果、歩み寄りのチャンスを失い解決の可能性を捨ててしまう。

自信過剰のバイアスを取り除く方法の1つに、あなたの立場や主張について、中立的な立場の人に意見を聞くという方法がある。それだけで、あなたは充分に謙虚なのだ。やってみると分かるが、その意見はたいてい相手側の立場を評価する。あなたは自分の自信過剰を認める。

自信過剰はさまざまな幻想を生み出す。たとえば、優越性の幻想だ。自分は相手よりも正直で、能力もあり、知的で、洞察力があり、他人に礼儀正しく、しかも協調的で公平公正だと思っている。いや、そう信じている。それが自信過剰・傲慢というものではないのか。

そして幻想は次々と生まれる。楽観主義という幻想、すなわち自分に都合のいいことを過大評価する幻想だ。支配の幻想、すなわち交渉のプロセスや結果をコントロールできると思ってしまう幻想だ。そして、この幻想に襲われるとき、自分の都合の悪い情報のすべてをシャットアウトする。恐ろしい。

「自分は謙虚である」とあなたは言わなかった。あなたは言ったのだ。「自分は十二分に謙虚だ」。ちょっと傲慢の匂いがする。

レミングの習性

あなたに、まず2つの話をしよう。

1つめは、レミングの集団自殺の話だ。

レミングという小動物がいる。ネズミの仲間だ。集団で動くが、ときとして愚かな行動に出る。レミングの1匹が何かでパニックに陥り、崖っぷちに向かって突進する。すると他のレミングが集団となってあとを追う。そして次々と崖から落ち、そして死ぬ。

2つめは、テレビの録音笑いの話だ。

テレビでは録音笑いを多用するらしい。出演者にとっても視聴者にとっても不愉快な話だ。だが、事実なのだ。なぜニセモノの笑いを使うのか。これを使うと本当の笑いの回数が多くなり時間も長くなる。そしてそのネタを面白かったと評価する。ジョークがつまらないとき、録音笑いの効果はいっそう大きくなるらしい。これは心理学者の指摘だ。実験で証明済みだという。

恐ろしいことに、ニセモノの録音笑いだと知っていても、たとえば聞いているのがつまらないジョークや退屈な漫才であっても、アハハという録音笑いの音に刺激されて、視聴者は笑ってしまうというのだ。あなたも、わたしも。

あなたはレミングであり、録音笑いと共に笑い、みんなで赤信号を渡っているのだ。絵画オークションやM&Aの例は先に挙げた。デパートのセール会場でもレミングに似た人間行動を見ることができる。人が買うから、他社も買うから、私も当社もということは日常的に起こっている。

交渉の最中、相手が取引先リストをあなたに示す。おー、一流企業ばかりではないか。相手の商品やサービスをたくさんの一流企業が買っている。それなら当社でも——と一瞬あなたは考える。だが、こんな話に飛びつくあなたではない。買うかどうかは、商品やサービスが買うに値するかどうかで決まる。相手は、あなたの中にいるレミングに罠を仕掛けたのだ。あなたは踏み止まる。

人間はある状況下で何を信じるか、どう行動するかを決めるとき、他の人々はどうしているかを見、それを真似る。人々が信じ行動していることが正しいのだと、反応するわけだ。あなたも、日常生活をそのようにして過ごしている。人々がそうするから正しい。このことを「社会的証明」と呼んでいる。

ガリレオ・ガリレイが地球は回ると呟いても、当時の社会的証明によれば太陽が回っていたのである。人々が同じことをしていると、それが正しいことだと信じてあなたはその仲間に入る。だが、恐ろしいことに、その人々もまた他の人々の行動に反応していただけ、ということも多いのだ。

あなたがレミングの群れから離れるには、あなたの脳にではなく、あなたの知性を頼るしかない。そう思うのだが、あなたはどう思う？

どうするネゴ・スキル 12

交渉でゲームの理論は役立つのか

Negotiation Skills

ゲーム理論は、具体的な人間行動を予測し解釈するためのツールだ。交渉でもこれを使う。ゲーム理論で相手の心を読む。その上で戦略を立て意思決定をする。

相手もあなたを読んでいる。それが交渉だ。

人間関係を扱う「ゲーム理論」

交渉学研究の世界で、多くの学者や研究者がゲームの理論（「ゲーム理論」と呼ばれている）を実験的なツールとして使っている。特に、交渉戦略を立て、意思決定をする上で、なくてはならない理論となっている。

まず、ゲーム理論を紹介することから始めよう。

この理論は、20世紀が生んだ新しい理論である。１９２６年、数学者であり物理学者であったジョン・フォン・ノイマン（１９０３〜５７）が23歳のときに考え出した。彼は、ハンガリーのブダペストで生まれたユダヤ人。名前にフォンがついているから貴族だ。ナチスに追われてアメリカに渡り、原爆の開発にも積極的に参加し、現代のコンピューターも彼のアイディアによるとも言われている。

このようにして生まれたゲーム理論は、最初は口コミで学者の間に広がり、１９４４年、モルゲンシュテルンという経済学者と共著で『ゲームの理論と経済行動』を出版してから世界で評判となった。今や交渉の世界だけでなく、社会、経済、政治、社会心理学、生物学の分野や国際政治や外交、それに軍事戦略といった分野で大きな影響を与えている。ノーベル賞をとった経済学者の多くがこの理論をベースにしている。

それでは、ゲーム理論とは何か。

ノイマンがひらめいたのはポーカーをしているときだと言われる。そして、ポーカーやチェスなどのゲームについて、その数学的構造を研究するところから始まったことは間違いない。だから、ゲーム理論はゲームについての理論、つまりは、どうしたらゲームに勝てるのかについての理論だと思われがちだ。あなたもそう思ったに違いない。「たとえば、パチンコ必勝法のようなもの。あるいはバカラ必勝法のようなものかな」。そうなのかどうか。ノイマン本人に語らせよう。

ある日ロンドンで、ノイマンと彼の友人がタクシーに乗った。友人がノイマンにゲーム理論について訊いた。「つまりチェスのようなゲームについての理論ということですね」。ノイマンは、いろいろ説明したあとでこう答えた。「……現実の生活は、はったりやちょっとしたごまかしの駆け引きや、こちらの動きを相手はどう読んでいるのだろうかと考えたりすることなどから成っています。そして、それこそが、私の理論で言うゲームなんです」。

この場面は、ウィリアム・パウンドストーン氏が著書（『囚人のジレンマ―フォン・ノイマンとゲームの理論』青土社）の中で紹介している。要するに、ゲーム理論は、ポーカールームから始まったが、ゲームの勝ち負けの理論ではなく、人間行動や人間関係を扱う理論であると、ノイマンは言ったのである。

確かにゲーム理論は、人間の行動原理を発見し、現実社会におけるその時、その場面における具体的な人間行動を予測し、解釈しようとするものである。

そして、この理論の特徴は、状況を単純化してモデルを作ることにある。そして数学的に解析する。

ゲーム理論の目的は、人々がものごとをはっきりと見ることができるようにすることにある。だから、モデルなしにものごとを見るよりも、モデルを通して見た方が事の本質をはっきりとらえることができるというわけだ。モデルの紹介はあとにして、ゲーム理論が、交渉について、どのような思考展開をするのかを見てみよう。

交渉にぴったりのゲーム理論

部屋の中に人間が2人。2人は交渉している。そのうちの1人があなただ。相手の考えや気持ちが全く分からないとしよう。この場合、あなたはどういう態度をとり、どう発言をしたらいいか分からない。

まず、相手のことを知り、相手の態度、心の動きを読まなければならない。あなたに求められるのはこれだ。あなたはある発言をする。あるいはある行動に出る。そのとき、相手はどう出るのか。あなたは予想して発言し、行動する。予想ははずれるかもしれない。そのとき、どうする。

交渉とは、お互いに「相手がどう出るか」を考えながら、駆け引きをし、ときには協力し、また妥協しながら、自分の目的実現のために行動するという、人間的な営みのことだ。

「相手がどう出るか」。相手の心のうちを、あなたは読む。そのとき、相手はどうしているのか。何もしていないのだろうか。そんなはずはない。相手もまた、あなたのことを読もうとする。要するに読み合うのだ。読み合いは続く。

あなたは相手のことを知りたい。相手のことを知るには、相手があなたのことをどう見ているか、それを知らなければならない。それを知るためには、さらに、あなたが相手のことをどう見ているかについて、相手がどう読んでいるかを、あなたは読まなければならない。相手も同じプロセスを辿《たど》る。読み合いのプロセスは螺旋状《らせんじょう》にいつまでも続く。

このような読み合いの中で、その鬩《せめ》ぎ合いの中で、あなたも相手も、戦略を立て、意思決定をする。この作業を手助けするのがゲーム理論なのだ。

面白いことに、ゲーム理論が現実の交渉という人間行動に対して示唆するのは、より有利に交渉を展開することであり、より有利に負けることなのだ。絶対に勝つ方法などないとゲーム理論は言うのである。ある学者の言によれば、ゲーム理論は、互いに思慮深く、ときには人を欺《あざむ》く者同士のあいだに起きる対立についての学問であるという。

交渉にぴったりの理論ではないか。

ゲーム理論が提供する有名なモデル

「囚人のジレンマ」と呼ばれるゲーム理論のモデルがある。あなたは深い示唆を受けるに違いない。「囚人のジレンマ」は、1950年、アメリカのランド研究所の2人の科学者が作り出したモデルだ。これから紹介するのは、最初のモデルから様変わりしてはいるが、最新流行のものである。

2人のギャング、ジョーンズとスミスは重罪のかどで逮捕・勾留された。それぞれ独房に入れられ、隔離されている。警察は、2人を重罪として処罰したい。が、有罪にするだけの証拠がない。このままでは2人を軽微な罪で処罰するしかない。警察官が、ジョーンズを取調室に呼び出して告げる。

「オマエら2人が黙秘すれば、懲役1年だな。オマエら2人とも自白すれば、懲役7年だな。オマエが自白し、スミスが黙秘すれば、オマエは釈放でスミスは懲役10年だ。どうする」。そして、どうやら警察官はスミスにも同じことを告げているらしい。

		ジョーンズ 黙秘	ジョーンズ 自白
スミス	黙秘	スミス・1年の懲役 ジョーンズ・1年の懲役	スミス・10年の懲役 ジョーンズ・釈放
スミス	自白	スミス・釈放 ジョーンズ・10年の懲役	スミス・7年の懲役 ジョーンズ・7年の懲役

(『LEGAL COUNSELING AND NEGOTIATING:A PRACTICAL APPROACH』
G. Nicholas Herman, Jean M. Cary, Joseph E. Kennedy, 135頁から)

警察官が2人に告げたことをマトリックスにすると上図のとおりとなる。

なぜ、これがジレンマなのか。図のマトリックスを見ながら考えてみよう。あなたはジョーンズの立場で考える。ジョーンズが黙秘するにしても自白するにしても、スミスがどう出るかにかかる。

1. スミスが黙秘した場合、ジョーンズはどう出るべきか

ジョーンズも黙秘すれば、スミスと共に懲役1年だ。自白したら、ジョーンズは釈放。自由の身だ。スミスは懲役10年になる。黙秘なんてことは言っていられない。結論は、自白。それが合理的というものだ。

2．スミスが自白した場合、ジョーンズはどう出るべきか

ジョーンズが黙秘なら、懲役10年。スミスは自由の身だ。自白ならジョーンズはスミスと共に懲役7年だ。懲役10年はごめんだ。結論は、自白。それが合理的というものだ。

同じことをスミスも考える。そして、2人とも自白する。2人とも懲役7年となる。

本当にそれでよかったのだろうか。ジョーンズの立場であなたはどう思う。ジョーンズは合理的な判断をした。得だと思って自白を選んだ。だが、待てよ。2人とも黙秘すると懲役1年ではないか。こちらの方がはるかによかった。得だったのだ。合理的な選択、つまり最善の選択をしたのに、結果は7年の懲役ではないか。時計の針を巻き戻せるとしたら、ジョーンズは黙秘を選択するだろうか。スミスが自白したらどうする。やっぱり思ってしまう。それがジレンマだ。ジレンマとは板ばさみ状態のことだ。ジレンマは解決できるのか。

日本で起きた「囚人のジレンマ」

ジレンマはこの世の中に山とある。ジョーンズとスミスの「黙秘」と「自白」を、「協調」と「裏切り」に読み替えてみれば、そのことに気がつくはずだ。「囚人のジレンマ」と同じことが、1979年の第二次オイルショックのときに日本で起きたという。田村次朗教授がその著書（『交渉の戦略—思考プロセスと実践スキル』ダイヤモンド社）の中で次のように紹介している。

「当時、過当競争を続けていた日本の石油化学業界は深刻な打撃を受けた。政府は価格維持のため通産省を中心に、業界全体に過剰施設の縮小を指導した。ここで企業が協調し合って減産体制に入ることで、石油化学業界の構造改革を狙った。しかし、結果は芳しくなかった。すなわち、各社とも設備の縮小はほとんど行わなかったのである。これは個別の企業にとっては設備の縮小・減産を行わないことが絶対優位の戦略であったためであり、結果的に過当競争に終止符を打つことはできなかった」

これは官製談合の話ではないか。そして民が官を裏切った。面白い。あれから30年近くが過ぎた。現行の独占禁止法と談合に目を向けてみる。談合は悪であり、裏切りが奨励される。すぐにでも逆転した「囚人のジレンマ」モデルが出来上がり、マトリックスは書ける。

交渉のいろいろな局面でさまざまなジレンマが浮かんでは消え、消えては浮かんでくる。その中で、よりよい解決を求めて戦略を変え意思決定をする。

ゲーム理論はいくつもの戦略を提供する。たとえば「ミニマックス戦略」だ。これはマックスの損失をミニにすることで敗北の被害を少なくするという戦略で、結果として利益は大きくなる。

ほかにノーベル経済学賞をとったジョン・ナッシュが考え出した「ナッシュ均衡論」がある。「しっぺ返し（tit for tat）」と呼ばれる戦略も提示されている。ロバート・アクセルロッドという政治学者が「囚人のジレンマコンテスト」を主催し、コンピューター選手権を行った。「協調」と「裏切り」のどちらの方が優れているのかの解を求めたのだ。その結果が「しっぺ返し」だった。「協調」が「裏切り」に勝つというのだ。

ゲーム理論を学ぶことを勧めたい。

最後に、あなたに宿題だ。次のジレンマを解いてもらいたい。

「男が妻と母親をともなって、川を渡っている。対岸にキリンが姿を現す。男が銃をとってキリンに狙いをつけると、キリンはこう言った。『お前が撃てば母親が死ぬ。撃たねば妻が死ぬ』。この男はどうすべきなのだろう」

これはアフリカのポポ族の民話だという（前掲『囚人のジレンマ』から）。

どうするネゴ・スキル 13

BATNA《バトナ》って何？

Negotiation Skills

BATNAという言葉を知らないものは、交渉を語る資格がない。
それほどまでに、交渉の世界ではBATNAは必須の概念なのだ。
交渉者双方がもつBATNAが交渉を支配する。そう断言してもよい。
さて、あなたのBATNAは何？

交渉が決裂したときのための代替案

あなたは友人や同僚と雑談をしている。たまたま交渉が話題となる。友人が言う。

「交渉にとって一番重要なのはBATNA《バトナ》だよね」

BATNAって何だ。あなたは知らない。しかし、「BATNAって何？」とは訊きづらい。あなたは「ふんふん」となま返事をする。

あなたはある会社の資材購買担当の課長だ。資材AをB社から単価C円前後で購入したいと部長に許可を求める。部長はいいよと言い、「君、BATNAはあるかね」と訊く。あなたは答えられない。「はぁ、まぁ」となま返事をする。

BATNAは交渉にとってきわめて重要だ。あなたはBATNAを知りたいと言う。あなたに伝えよう。あなたが交渉力を身につける上でBATNAは欠かせない。

BATNAは、Best Alternative To a Negotiated Agreement のことで、大文字をつなぐとBATNAとなる。直訳すると「交渉による合意のための最善の代替案」となる。これだけでは分かりにくい。ずばり言うと「交渉が決裂したときのために用意する代替案」という意味だ。

BATNAは、1981年、ハーバード大学のロジャー・フィッシャーとウィリアム・ユーリーという2人の学者によって提唱された。それ以来、BATNAについての議論は今も続いている。そして、交渉の世界ではBATNAはなくてはならない概念となっている。

さて、BATNAの意味をもう少し嚙み砕いてみよう。例を挙げるのが理解への早道だ。2つの例を考える。

1. あなたは車を売りたい

ディーラーAに売買価格を見積ってもらう。ディーラーAは150万円という見積書を作成してあなたに渡す。見積書には「上記金額で当社が引き取ります」と添え書きがしてあった。

そのころ、あなたの車を買いたいという人物Bが現れる。人物Bと交渉することになった。この交渉におけるBATNAは何か。あなたの車を150万円で買うというディーラーAの存在だ。Bとの交渉は強気でいける。

2. あなたは新車を買いたい

近々モデルチェンジが行われるので、旧モデルの新車を安く手に入れたい。うまいことに、複数のディーラー、A社、B社、C社としよう、この3社が旧モデルの新車をセールに出している。これから始める交渉にあたり、そのこと自体がBATNAとなる。A社、B社、C社を競争させればいい。間違いなく、車は安く手に入る。

BATNAは交渉が合意に至らない場合の最善の代替案という意味だ。代替案という言葉に違和感があるなら、選択肢と言い換えてもいい。交渉によっていい結果が出ないと判断したとき、交渉を打ち切った上で、あなたが取りうる選択肢がBATNAだと解釈すればいい。

そして、重要なのは、BATNAを用意する時期だ。交渉を始める前でなければならない。それには情報を集め、充分な検討を加えて決める。が、実際、BATNAをどのように作り用意するかは、むずかしい。

BATNAとは何か。再び問いたい。あなたは、まだ、ピンと来ていない。やはりむずかしいからだ。そこで、観点を変えて議論してみよう。

設問はこうだ。「Bottomline《ボトムライン》とBATNAは違うのか」。

ある論者は、ボトムラインはBATNAに非常に近い、よく似た概念だと言う。ある論者は、BATNAの中にボトムラインは含まれるのではないかと言う。だが、「BATNAはボトムラインではない」という考えが支配的だ。

この考えをたどると、BATNAへの理解は、今少し深まるかと思う。この論者の説くところをまとめてみよう。

1．ボトムラインは交渉に失敗しないためのバリアだ

ずるずると交渉に敗れ、ついつい受け入れ難い合意に引きずり込まれないために立ち上げた壁、交渉者が自らを守るために作った壁だ。言い方を換えれば、受け入れ可能な最悪の結果がボトムラインだ。

そしてその欠点は何か。ボトムラインは、確かに、交渉にとって有効であろうが、交渉者がこれに縛られると、交渉は融通性を失って膠着《こうちゃく》し、創造的で革新的な発想ができなくなる。その上、双方の違いを調和させるような独自の解決を探そうとはしなくなる。——かなり過激な分析と表現だ。

2．BATNAは、交渉で何をなしとげるかとは関係がない

交渉がある時期までに好ましい合意に至らなかったとき、交渉者は次に取るべき方針は何かと考える。その何かがBATNAである。要するに、交渉の外にあるオプション、それがBATNAだ。

BATNAはボトムラインとは違い、柔軟性と革新性を交渉に与え、創造的な解決に導くテコとなる。BATNAがよければよいほど交渉力は強くなる。BATNAは交渉力だ。――これもかなり確信的な分析と表現だ。

BATNAとボトムラインの使い分けで交渉を有利に運ぶ

わたしは思う。ボトムラインとBATNAの違いを分けるのは、それが交渉の中にあるか、外にあるかの違いである。ボトムラインは、具体的な交渉の内側で交渉者が引いた線である。交渉者はこの線を踏み越えないように心掛ける。

一方、BATNAは、交渉の外側にある。交渉がうまくいかないとき、また、BATNAによる解決の方がよいとき、交渉者は交渉の場を去り、BATNAに移る。乗り換える。BATNAを用意していることが、交渉にゆとりと力を与える。このよ

うに理解できる。

それでは、BATNAがあればボトムラインはいらないのか。そうでもあるまい。外にBATNAを用意し、内にボトムラインを引く。この両者を連動させながら交渉を進める。これが現実の交渉現場の姿だ。

もっとも、BATNAもボトムラインももたずに交渉する人々、ボトムラインはあるがBATNAをもたないで交渉する人々もいる。これも現実である。

BATNAは交渉を始める前に用意すべし。そのようにあなたに伝えた。さらに伝えたい。交渉の相手もまたBATNAをもっている。このことを忘れないでほしい。相手を読む。相手のBATNAを読む。BATNAの強弱が交渉力の強弱につながっていく。相手がどうしてもあなたと交渉したい。たとえば、あなたのもっているあのクラシックカーをどうしても手に入れたいというとき、相手はあなたの車に恋をしているのだ。恋をした方が弱い。あなたのBATNAはきわめて強く、相手のBATNAはきわめて弱い。と言うより、相手にBATNAはないのだ。なにせ、あなたは交渉途中で、いつでも「あれは手離さない。交渉はやめだ」と言って背中を見せることができるからだ。それが本心でなくてもだ。

BATNAを、ものを摑む感覚で理解するのはむずかしい。しかし、イメージはつかめたのではないか。そして、あなたが交渉を実際に始めるとき、これがBATNAだというものを作り出せるとわたしは信じている。

交渉のプロセスでダイナミックに変化するBATNA

またまたあなたを混乱させるようで気が引けるのだが、BATNAは交渉に入ってから動くのだ。変化する。やっかいだ。このことをカードゲームを例にとって説明することが多い。

カードゲームでは、新しいカードがあなたに配られるたびに、あなたのBATNAは変わる。手が良くなったり悪くなったりする。そのたびごとに、勝負するのか、手を引くのかを決めることになる。通常カードは伏せて配られる。もちろん見るのは自分のカードだけだ。他のプレーヤーのカードは見ることはできない。他のプレーヤーに対して、あなたのカードが強いのか弱いのかは分からない。その中での勝負となる。

また、ゲームによっては、全部または一部のカードを表を見せながら配るゲームもある。このときはプレーヤー全員がカードを見る。お互いにBATNAを変えながらゲームを進行させることになる。

これと同じことが交渉でも起きる。交渉が始まる。あなたは、もちろんBATNAをもって交渉に入る。そして、交渉のプロセスの中で、あなたは自分のBATNAに関する情報を集めて確認し、同時に、相手のBATNAに関する情報も集める。相手のBATNAを知ることができれば、あなたは有利に交渉を進め、好ましい合意を手にすることができる。

相手から得た情報は正確だろうか。ブラフかもしれない。確認する必要がある。あなたは相手に質問を投げる。さぐりを入れるのだ。相手の顔を見る。ボディランゲージを読む。言葉による返事はともかく、相手からのサインを読み取る。それをもとにあなたは自分のBATNAを変えつつ、交渉を進める。

このようにBATNAは交渉のプロセスを通じてダイナミックに動く。変化する。交渉は気の抜けない作業なのだ。もう1つ例を挙げよう。

あるデベロッパー（開発業者：「デベ」と呼ばれる）が都市郊外で分譲マンションを建設する。デベはA社、B社、C社に設計図書を渡し、期限を切って工事代金の見積書を提出させる。

A社は大手ゼネコン、B社は中型ゼネコン、C社は地元ゼネコンだ。デベは3つの見積書を見比べて発注先を決める。見積り合わせと言われるものだ。一番低い見積額を出したところに発注するというわけではない。どこにいくらでやらせるかはデベ次第。これが見積り合わせだ。見積書が出揃った。A社が12億5000万円、B社が11億5000万円、C社が10億円だった。

デベは考える。設計予算は11億円。これを超えるわけにはいかない。C社はこれを下回っているが、これは後回しにしよう。発注したい先は、実はA社だ。A社は全国ブランドだ。分譲するとき、そのブランドを利用する。しかし、A社の見積額は高すぎる。B社も、A社ほどではないが全国ブランドだ。交渉すれば11億円は切るだろう。まずはA社から交渉を始めよう。だめならB社と交渉し、最悪、財務内容に疑問はあるが、C社にやらせるという選択肢もある。BATNAだ。

デベはA社と交渉を始める。思いのほか交渉は進まない。A社は12億円まで降りてきたが、そこでストップして動かない。調べてみると「分譲マンション工事はなかなか粗利が出ない。無理するな」という指示が上の方からあったらしい。どうするか。

デベは考える。とそのとき、交渉を待ちかねたB社からデベに突然の申し入れがある。10億8000万円でやる。デベのBATNAは変わる。そうか。10億8000万円でB社がやるならB社に発注してもいい。そこでデベはA社を呼んで告げる。「B社から見積額を大幅に下げるという連絡があった。そこでだ。11億円でやるかやらないか、早急に検討してもらいたい。返事は3日後だ」。デベは強気に出る。しかしB社の提示金額をA社に告げない。A社に推測させる。

A社は、B社が11億円かそれ以下の金額を提示したと推測する。A社は決断を迫られたのだ。A社の担当は考える。断ってもいい。しかし、競争の結果B社に仕事をもっていかれたというのでは、A社のブランド・イメージに傷がつく。デベとの付き合いは浅いが、将来性のあるデベでもある。ここはひとつ、粗利は出ないが、11億円で手を打つか。だが、むずかしい。上はどう判断しどう決断するか。分からないな。A社のBATNAは強いのだろうか、弱いのだろうか。

BATNAを相手に開示すべきか

この問題をめぐっては見解が割れる。これを考えてみることで、BATNAの理解はぐっと深まる。

消極論は、BATNAは用意するが使わないのが理想であり、BATNAは相手に知られてはならないと説く。BATNAを知られたら、相手にやられるからだ。

積極論は、開示してもよいという立場だが、場合によっては開示しない方がよいとも言い、複雑な議論展開をする。整理してみよう。

1．BATNAが力をもつのは、相手がそれを認知したときだ。BATNAは相手に本当だと思わせなければ効果がない。相手が認知し理解できるようなメッセージを送る必要がある。

2．強いBATNAをもっているときは、それを相手に開示するのがよい。効果がある。ただ、交渉の初めごろは、ほのめかして相手に推察させる方がよいかもしれない。

3．弱いBATNAをもっているときは、相手に開示しない方がよい。相手がこちらのBATNAを買いかぶっているときはなおさらだ。

4．重要な交渉では、現実に、BATNAを巡る駆け引きとなる。

5．BATNAは使い方で効果に大きな差が出る。BATNAを上手に使うことで、相手から譲歩を引き出すこともできるし、こちらが渡したくないものを守ることもできる。

6．よい交渉者とは上手なBATNA使いのことだ。

さあ、BATNAが分かっただろうか。

最後に、あなたに耳打ちしたい。BATNAは、日本では一般に「バトナ」と呼ばれているが、プロの交渉者たちは仲間うちで「バトゥーナ」と言い合っている。あなたも「バトゥーナ」と発音してみたらどうだろう。相手がプロなら表情は変わる。

どうするネゴ・スキル 14

ホットポテトって何？
相手は
ダーティーな手も
使うらしい

Negotiation Skills

ホットポテト？　あつあつのポテトのこと。実は、交渉戦術の1つだ。

ほかにも、いささか問題のある戦術が交渉の現場では使われる。知っておきたい。知れば相手の出方が分かり、罠に落ちない。

あなたはそれを受け取らねばならないのか？

あなたは、「ホットポテト」のことを、どこで耳にしたのだろうか。ホットポテトは熱いポテトのこと。交渉で使われるスキルの名前だ。その由来から話そう。

あなたは友人の家族を招き、庭でバーベキュー・パーティーを開く。肉や野菜を焼くのはあなたと友人だ。いい匂い、いい音、煙も出る。妻や子が集まる。と、目の前で野菜を焼いていた友人が、なんと、あつあつのホットポテトを1つ、ひょいとあなたに向けてトスするではないか。この瞬間の情景を想像してもらいたい。あつあつのホットポテトをあなたは素手でキャッチする。

ホットポテトという言葉はここから生まれたらしい。それでは、交渉におけるホットポテトとは何で、どうしてあなたはそれを受け取らねばならないのか。

あなたは交渉している。ある機械設備一式を2000万円で売ろうとしている。相手は言う。

「機械設備に不満はありません。しかし、残念ながら当社の予算限度額は1500万円です。これ以上お支払いできないのです。何とかして下さい」

予算限度額というのがホットポテトなのだ。考えてみてほしい。機械設備一式を買うのは相手だ。2000万円を用意できるかどうかは相手の問題だ。あなたの問題ではない。1500万円しか予算がない、どうしよう。これは相手が心配することで、あなたが思いわずらうことではない。相手は自分のかかえるやっかいな問題、すなわちホットポテトをあなたにトスしたのだ。あなたに受け取らせる。

すると、この熱い問題はあなたの問題になる。あなたは「アチチ」と言いつつ、これを処理する。相手のねらいはここにある。予算限度というのは本当だろうか、それとも相手が仕組んだ嘘なのだろうか。あなたは受け取るのか。受け取って、すぐに相手にトスを返すのか。

トスを返すときは、すぐにやる。そうしないとホットポテトを受け取ったことが既成事実となり、あなたを縛る。

受け取るということは、相手の問題を自分のものとし、自分の方で解決しよう、という意思表示である。要するに、相手の予算限度の金額まで機械設備一式の価格を下げることになる。あなたの企業努力ということになろう。それでもよければよい。もっとも、相手との交渉で一式の中身を抜いていくという方法もある。

すぐにトスを返すということは、相手に対し、あなたの問題はあなたの方で解決するものですよ、という意思表示だ。要するに、相手の予算限度に縛られないということだ。

あなたは説得する。「この機械設備一式は最先端技術を使ったもので、あなたの会社でも必要なものです。予算は何とかしてください。予算の決定権を握っているのはどなたですか。そうですか。副社長さんですか。私がお目にかかりましょうか。それとも、あなたがここから電話して副社長さんに予算の枠をはずすよう話していただけますか。私の方は一式のほかにスペアーの部品を追加することも考えられますし、わずかですが値引きも考えてみましょう」。交渉相手は携帯電話を取り出し、会社に電話を入れる。「もしもし、私だ。副社長を頼む」。

ホットポテトは、交渉の現場で、さかんにトスされていて、特にダーティーなスキルではない。

交渉現場で使われる交渉スキルについては、その防ぎ方も含めて、あなたにかなりの数を伝えてきた。

フット・イン・ザ・ドアやGood《グッド》 Guy《ガイ》（Gal《ギャル》）／Bad《バッド》 Guy《ガイ》（Gal《ギャル》）などだ。ほかにもたくさんある。ダーティーなものもある。相手が使いそうな手を予測して交渉に臨むということも、確かに有効だ。相手が使いそうな手のうち4つを紹介しよう。

わざと間違える

若い男女がベッドを買いに大型家具店に出掛ける。女性の指にダイヤの指輪が光っている。それを目に留めたマネジャーが2人に話しかける。

「ご婚約おめでとうございます。ご結婚式は近いのですか。そうですか。新しくマンションをお買いになった。素晴らしいですね。それでベッドですね」

マネジャーはこれはというベッドを勧める。サイドテーブルも勧める。電気スタンドも、そしてベッドカヴァーも、あれもこれも。そして、値段を読み上げながら電卓を叩く。合計額を2人に見せ、さらに15％値引きした金額を示す。「お買い得です。いかがですか」。2人はそっと目を合わす。マネジャーが叩き出した合計額にはベッドカヴァーの金額が抜けている。このまま、間違いに気づかぬふりをして、黙って買えば、ベッドカヴァーはタダになる。男が女に軽くうなずいた上で、「分かりました。その値段で買います」と言い、クレジットカードをマネジャーに渡す。マネジャーはそれをうやうやしく受け取り、レジへ。しばらくして、マネジャーがもどってくる。顔色が冴えない。

「申し訳ございません。実は、ベッドカヴァーの分を計算から落としていました。私のミスです。申し訳ございません。その分を加算の上15％引きで計算し直しますと、こちらになります。ご了解いただけますでしょうか」

もはや、あと戻りはできない2人。買いの決断は倫理的ではなかった。マネジャーマネジャーの言う金額に、否やはない。若い2人の行動は、魔がさしたと言うこともできよう。

だが、悪いのはこの店のマネジャーだ。彼は2人に見えるようにして電卓を叩いた。そ彼はわざとベッドカヴァーを計算に入れなかったのだ。わざわざ間違えてみせた。そして、若い2人の出来心を誘い、買う決断をさせた。計算間違いはそのためのオトリだったというわけだ。これはダーティーな手と言える。

わざと間違えるバリエーションを1つ追加しよう。

あなたは交渉している。相手のボトムラインを知りたい。何回めかの交渉の際、あなたは前回までの交渉の経過と問題点、共有した情報と合意済み事項の確認をする。ゆっくり、1つ、1つ。そして、言う。「確か前回でしたか。あなたの側のボトムラインは1500万円だとおっしゃいましたね」。相手はびっくりして声をあげる。「そんなこと言ってませんよ。私たちのボトムラインは1800万円ですよ」。

相手は引っかかったのだ。

あなたは謝る。そして「いやー、別の交渉と勘違いしてしまいました。失礼しました」と言う。あなたはわざわざ間違えてみせ、相手からひょいとボトムラインを引き出したというわけだ。

このやり方は、よく使われるし、ときどき成功もする。少しダーティーだ。防ぐ方法は、こういう手もあるということを知り、相手の言う言葉とその意味について、常に注意を払うことだ。

情報を埋め込む

情報の埋め込みは、想像を超えて大きな影響を相手に与える。相手は、不思議とそれに引きずられる。例を挙げよう。

あなたの営業努力が実って、ようやくある著名な会社の応接室で、3人の役員を前に売り込みのプレゼンテーションをしている。この会社への訪問は3度目だ。部下1人を連れてあなたは乗り込んだ。売り込むのはこの会社の全国支店をつなぐテレビ会議システムで、設置料として、たとえば、1億円の提示をしているとしよう。

プレゼンテーションは終わり、コーヒーブレイクとなる。コーヒーを飲みながらの雑談に花が咲く。すると課長とおぼしき社員が会議室に入ってきて、役員の1人に何やら数字を書き込んだペーパーを渡し、耳打ちする。あなたにはよく聞こえない。役員はふんふんと頷き、声に出して数字を読み上げる。「8と7と5とマルだな。これがそうか。分かった」。社員は会議室を出る。コーヒーブレイクは終わり、プレゼンテーションについての質問が飛ぶ。いよいよ価格交渉となる。あのペーパーをもらった役員は言う。「あなたの会社のシステムは非常にいいものだ。いや、いいものらしいということは分かった。ただ、設置料がねー。わが社としては1億円は出せないな。何とかしてもらいたいね」。

交渉は続き、時間が過ぎる。双方が疲れてくる。あなたはたびたび会社に電話を入れて上司と相談する。結局、最終的に合意をみた価格は8750万円だった。この役員が声に出した数字だ。

交渉の最中、あなたはずっと気にかかっていた。あの8750という数字は何だろう。何の数字かは分からない。競合他社がこの会社に提示した金額だろうか。そうでないとしたら何だ。課長らしい社員がわざわざ役員に届けてきたのは、なぜだ。それをさぐる手はない。とすると、最悪のケースを前提に進むしかない。あれは競合他社の提示額だ。そう信じよう。じゃあ、そこまで価格を下げるしかない。そうではなく、この会社が仕組んだのだとしても、そうするしかあるまい。あなたの頭に8750は埋め込まれ、あなたは縛られた。

これに対抗するにはどうしたらいいいか。やっぱり、このようなダーティーな手があることを知り、あなた自身、より注意深くなるしかない。

おとりを使う

おとりを使うやり方は2つあるように思う。

1つは、ニセの情報をもち出して、相手に譲歩させるという方法だ。

もう1つは、ニセの要求を突きつけ、これを譲歩する代わりに相手から欲しいものを手に入れるという方法だ。ニセの要求をトレイド・オフの材料にするというわけである。

ここでは、最初のおとりについて共に考えてみたい。以下は、A弁護士とB弁護士の交渉ストーリーである。

10年前に起きたある企業の労災事故について、被災者である元労働者がその企業に損害賠償を請求した。法律上の問題はあるが、これを飛ばして交渉ストーリーを進める。

第1段階（示談交渉と調停）

企業の代理人であるA弁護士と、元労働者の代理人であるB弁護士との間で、示談交渉が行われた。B弁護士の要求は5000万円。決裂。B弁護士は簡易裁判所に調停を申し立てる。調停とは裁判所が立てる2人の調停委員を中に入れて、話し合う手続きだ。

B弁護士は3000万円の要求をする。何回か話し合いは行われたが、1000万円を切るわけにはいかないとB弁護士は言い、調停は不成立。A弁護士の立場は、支払う理由はないが、解決金として100万円程度なら支払ってもよいというものだ。

第2段階（訴訟）

B弁護士は地方裁判所に訴えを起こし、その企業に2000万円の損害賠償を請求する。A弁護士は争う。事実の存否と法律論争が続けられる。A弁護士は担当の裁判官を見て評価する。この裁判官は出世コースに乗るつもりはなく、独自の裁判官像をもっている。恐れるものはない。この事件で、従来の裁判の枠組みを超えた新判例を作りたいと考えている。この事件は企業側の負けだ。

この種の事件では、裁判官が中に入って和解を勧めるが、この裁判官にその気はない。判決を書くつもりだ。判決で負けたら、企業の社会的評価に対するダメージは大きい。方針を転換し、こちらから和解のアクションを起こそう。

第3段階（和解交渉のスタート）

弁論準備手続きという手続きがある。裁判官と弁護士がラウンドテーブルを囲んで、相互の主張や立証を整理し、裁判の進行を協議する。何回めかの弁論準備手続きで、A弁護士は裁判官に向かって言う。「B弁護士とは調停でも話し合った。この裁判でも話し合って和解したい」。裁判官は黙っている。A弁護士はB弁護士に言う。「どうですか」。B弁護士は話し合ってもよいと答える。A弁護士は裁判官に少しだけ時間が欲しいと告げ、B弁護士を廊下に連れ出す。

A弁護士：500万円を切ってくれないか。会社を説得する。
B弁護士：切ってもいい。本人に話す。
A弁護士：最終的にいくらにするかは、改めて話そう。
B弁護士：500万円を切るということは、400万円台で限りなく500万円に近いということだ。
A弁護士：それを含めて、あとで話そう。
B弁護士：500万円を切るという話は、裁判官には伏せてほしい。
A弁護士：分かった。

法廷にもどったA弁護士は、次回の裁判の日までに合意に至れば和解したいと裁判官に告げた。

第４段階（企業内交渉）

Ａ弁護士は予想した。Ｂ弁護士との交渉では、４５０万円を提示しよう。Ｂ弁護士は４９０万円を主張するだろう。間をとれば４７０万円だ。これで和解となる。Ａ弁護士は企業にあてた報告書を作り、４００万円台後半の解決金で和解したいと書く。企業の取締役会はこれを承認する。

しかし、法務部長はＡ弁護士に３５０万円での和解を指示する。弁護士は使い捨てだ。走らせればいい。４５０万円以下になれば儲けもので、自分の手柄にもなる。Ａ弁護士は舌打ちをする。ま、組織人のことも考えてやろう。しかし、３５０万円では話にならない。が、３５０万円からスタートしよう。ということは、交渉の主導権をＢ弁護士に渡すということだ。恥もかく。自尊心は捨てよう。法務部長に電話を入れる。「３５０万円はムリだ。３５０万円から交渉をスタートするが、最悪の場合、報告書の線での解決になる」。

第5段階（詰めの和解交渉）

裁判当日、午前9時30分、A弁護士はB弁護士に電話を入れる。裁判は午後1時に始まる。

A弁護士：和解の話を詰めたい。顔を見て話したい。午前10時に弁護士会館でどうか。

B弁護士：今、打ち合わせ中だ。あとで電話をかけなおす。

数十分後、B弁護士はA弁護士に電話する。

B弁護士：あなたとは会わない。いい話なら電話ですむ。いい話でないから会いたいと言ったのだと思う。私も人間だ。会えば、あなたに説得されるということもある。

A弁護士：では、ずばり言う。会社は350万円だと言っている。

B弁護士：やっぱりそうだ。私は言ったはずだ。500万円は切るが、400万円台で限りなく500万円に近くだと。会うわけにはいかない。判決をもらおう。

A弁護士：会社と話し合ってみる。あなたの線に近づけるように説得してみよう。

B弁護士：それはあなたの問題だ。

A弁護士は思う。やっぱりボールはB弁護士に握られた。交渉としては敗北だ。なんとか巻き返したい。法務部長に連絡をとる。法務部長は、400万円では無理かと言う。無理だと言い、400万円台後半で手を打つ、いいねと念を押す。

午前11時30分、A弁護士はB弁護士に電話を入れる。

A弁護士：会社は400万円まで来たが、私の責任で450万円まで出させる。どうか。

B弁護士：本人に聞いてみる。

最終段階（和解成立）

午後1時、法廷の入口にB弁護士が立っている。A弁護士が近寄り、「いいんだな」。B弁護士は黙ってうなずく。和解成立だ。裁判官がしぶしぶ和解調書を作る。

これが交渉の現場だ。臨場感を味わったろうか。そこでだ。あなたに考えてもらいたいのは、ここからだ。この交渉ストーリーの中で第4段階（企業内交渉）の部分をすっぽり抜いたらどうなるかを考えてほしいのだ。と言うより、第4段階が全部A弁護士の作り話だと想定してみようというわけだ。「会社が350万円だと言っている」というA弁護士の言葉が、実は、嘘だったとしたら、それは何のためか。それは、500万円に限りなく近くと主張するB弁護士に、450万円を呑み込ませるために仕組んだ「おとり」だったということだ。ややダーティーだ。これが、おとりを使うということなのだ。この手のおとりは頻繁に、そして目まぐるしく使われる。

これに引っかからない方法は、やっぱり同じだ。知り、かつ注意することだ。

最後のひとかじり、最後の大かじり

まず、ひとかじりから始めよう。

買い手のひとかじりを洋服屋で見てみよう。あなたは洋服を買う。支払いをすませ、領収証を書かせる。店主が領収証を書き終わる直前、あなたは1本のネクタイをカウンターに載せる。「おまけに、このネクタイをもらいたいな」。店主は、一瞬、あなたの顔を見る。ま、いいか。「どうぞ」と店主。あなたは最後のひとかじりに成功したのだ。

次に、売り手のひとかじりを見てみよう。わたしの経験を話そう。わたしはウズベキスタンのタシケント、ある土産物店にいた。お土産にスカーフを3枚買うことにした。ポケットからドルを取り出していると、若い女性店員がもう1枚スカーフをもってきて、わたしにこう言うのだ。「あなたは美しいものを選んだ。私たちはうれしい。見てください。このスカーフも美しい。お買いになりませんか」。わたしは彼女の青い目をのぞき込む。ま、いいか。4枚買うことにした。彼女のひとかじりは成功した。

そのあと半年ほどして、わたしは香港のあるホテルにいた。アーケードを歩いていて、ブランド店に立ち寄る。ネクタイを3本買う。わたしはクレジットカードをポケットから出す。すると、中年の女性店員がもう1本ネクタイをもってきて言う。「このネクタイもあなたにぴったりです。いかがですか」。わたしは彼女の黒い目をのぞき込む。ま、いいか。彼女のひとかじりは成功した。

このように、ひとかじりの成功は「ま、いいか」にある。取引きが成立してしまうと、人は、あと少しのことはどうでもよくなるのだ。もちろん断ることもできる。そのときは、にっこり笑っていらないと言う。相手はもじもじと引き下がる。このひとかじりはダーティーとまでは言えまい。

最後の大かじりについて話そう。

企業買収などの大型取引きで、しばしば起きるという。大企業A社が、技術力をもつある中規模のB社を買収することになった。市場が注目している。難航した買収額交渉もまとまり、明朝、調印して記者発表することとなった。その夜である。B社の社長が、A社の副社長を訪問する。「実は大変なことになってしまいました。当社の会長がこの買収額では納得できない、もう1億円積んでもらえと言い出したのです。どういたしましょう。それがダメなら、明朝の調印もするな、記者発表にも出るなと言うのです」。A社はどうするだろうか。たいていはプライドを捨て、1億円の追加支払いを呑み込むのである。大企業はメンツが大事だ。中小企業相手の取引きで恥はかきたくない。今さら記者会見をキャンセルできるわけがないではないか。

このようにして、B社が行った最後の大かじりは成功する。このダーティーな大かじりに対抗手段はあるのか。あるだろう。だが、あなたは大企業の人間ではない。今のところ、知る必要もない。

どうするネゴ・スキル 15

交渉でユーモアを使いたい

Negotiation Skills

ユーモアの力はあなどれない。あなたがジョークをとばす。笑いがはじける。次の瞬間、相手は警戒心を解き、あなたは急接近する。交渉は進む。合意は近い。

持ち歩くジョークを蓄え、瞬発力のジョークを磨こう。

ユーモアは素晴らしい

交渉が行き詰まり、絶望的な空気が交渉の現場を覆う。もうだめか。そのとき、交渉当事者の1人が短いジョークをぼそりと言う。すると突然爆笑が起こり、空気が一変する。敵対は友好となり、交渉は前進する。

あなたは、こんな場面を想像している。ユーモアを使ってみたい。そう思うのは、あなただけではない。わたしもだ。

10年くらい前だろうか。わたしは佐久間賢教授の『交渉力入門』〈新版〉（日経文庫）を読んでいた。あるところにきて、「これだ」と膝を打った。ユーモアが勝利した一瞬が書かれていたのである。実際にあった話だ。

それは1969年、アメリカのクライスラー社と三菱重工が合弁会社を設立する交渉をしていたときのことであった。条件が折り合わず、交渉はデッドロック状況に陥る。これから先は、佐久間教授の文章をそのまま紹介しよう。

そのとき三菱の1人の部長が、笑いながら次のような話を始めたのです。「皆さんは、日本人が毎朝〝おはよう〟と挨拶しているのを知っていますか。あれはGood Morningという意味です。それについて私はおもしろいジョークを知っています。聞きたいですか」と相手に聞いたのです。

クライスラー社側は当然聞きたいと返事をし、みな手を休めて顔を上げ、その部長の顔をじっと見つめました。

「皆さんの会社のあるデトロイト市とオハイオ市は近いですね。オハイオ州と〝おはよう〟は同じ発音です。そこでジョークです。あるときオハイオ州の隣のインディアナ州から日本に観光団の人たちがやってきました。彼らは日本人が毎朝〝おはよう、おはよう〟と挨拶しているのを見て、昼になってお互いに〝インディアナ、インディアナ〟と挨拶を交わしました」

これを聞いたクライスラー社の交渉団の人たちは、腹をかかえて笑いました。この一瞬に、これまでたまった「ガス」は一挙に抜けました。その後の交渉はうまく運び、結局両社の間で交渉が成立、合弁会社の三菱自動車が設立されたのです。

わたしもビジネス交渉の現場に立ち会う。しばしばジョークを持ち込む。なかなか成功しない。交渉途中にジョークを挿入するタイミングは滅多にないし、作れない。それでもやってみる。白い目が返される。白い目は「この真剣なときに、不謹慎だ」とわたしを責める。コーヒーブレイクでも夜の会食でもジョークを飛ばす。笑わせることができ、交渉者の固さをほぐすということも、あるにはある。むっとされることもある。ジョークを受け入れることのできない人たちがいて、ジョークをジョークととらずに不愉快になる。そんなとき、わたしは笑いながら「冗談ですよ」とひと言付け加えることにしている。わたしのジョーク作戦は苦戦する。

なぜだろうか。わたしのジョークは、なぜスムーズに受け入れられないのか。わたしは考える。わたしの使ったジョークは輸入ものばかりだ。アメリカン・ジョークやヨーロッパのものばかりだ。だからだろうか。そうかもしれない。ジョークは文化的背景の中から生まれる。文化を共有する人たちは価値観も共有する。そういう土壌の中からジョークは生まれる。文化も価値観も違う日本で、外国のジョークを使っても通用しないのかもしれない。

それだけだろうか。文化を問わず、人間として共通する価値観を背景にしたジョークもある。文化についての相互理解も進んでいる。輸入ものの中にも日本人を笑わせるジョークはあるはずだ。

では、ジョークを聞く側に問題があるのか。問題がありそうだ。日本人社会には、伝統的に笑いを抑制する文化があった。日本人にとって人に笑われることは恥であったし、そこから笑いに対する制約が生まれた。荘重さこそが尊い。笑いは卑しい。笑いは軽視され、抑制されてきた。これが、わたしのジョーク作戦を苦戦に陥れたのか。

しかし、それも過去のものになりつつある。日本人はそのメンタリティの中に、笑いを抑制する残滓《ざんし》を残しつつも、今は、笑いを開放する文化の中にいる。確かに、わたしの仕事の現場でも、この数年、ジョークは使いやすくなっている。コーヒーブレイクや夜の社交の場で、むしろ喜ばれるようになってきた。ジョークの腕がふるえるのである。

ユーモアとは、ジョークとは何だろう

ユーモアには、やや上品で抽象的、高邁《こうまい》な語感がある。ジョークには、具体的で何でもカヴァーする語感がある。だが、この2つは同じものだ、とわたしは考える。そして、これから先、おもにジョークという言葉を多用し、ときにユーモアという言葉

も使うことにしたい。

さて、ジョークについて話そう。まず、ジョークの作法についてである。作法とはルールである。次の3つがそれだ。考えてみれば、これはコミュニケーションの作法でもある。

① 自分や他人の家族のことをジョーク・ネタにしない。
② 他人の容姿をジョーク・ネタにしない。
③ 他人の信条をジョーク・ネタにしない。

この作法は守りたい。ジョークで相手の感情を傷つけてはならない。反則は許されない。

ジョークには型がある。大きく分けて2つ。「問答式のジョーク」と、短いストーリーをもった「語りのジョーク」だ。

問答式のジョークにこんなものがある。

問い：弁護士が嘘をついているのを見分けるには、どうしたらよいか。
答え：弁護士の唇が動いているかどうかを見ればよい。

語りのジョークは、先に三菱重工の部長が使ったジョークがそうだ。語りのジョークはすぐあとで紹介しよう。小咄《こばなし》のたぐいはこの型のジョークだし、ほかに、なぞなぞジョークがある。問答式ジョークは、なぞなぞジョークと重なるものが多い。ひとりごと型もある。「男に生まれてよかったこと50」「女に生まれてよかったこと50」といった型もある。

それでは、ジョークの何が人を笑わせるのだろうか。

まず、次のジョークを見てみよう。これは故・米原万里氏がモスクワのクトゥーゾフ大通りで信号待ちをしていて、偶然耳にした親子の会話をアレンジしたものである。

交差点で信号待ちをしている親子がいる。

子供は3、4歳の男の子。母親は若い。

男の子が母親を見上げて言う。

「ねぇ、ママ。信号が赤のときでも道路を渡っていいかなぁ」

母親が答える。

「もちろんよ。いいに決まってるじゃないの」

ひと呼吸おいて、

「でもね、そのとき両手を挙げて渡るのよ」

「なんで？　ドライバーに見えやすくするため？」

「ううん。死体安置所でシャツを脱がしやすくするためよ」


あなたは笑った。あなたを笑わせたのは、落語で言う「落ち」なのだ。「パンチライン」とも言う。赤信号で道路を渡っていいわけがない。それなのに母親は「いいに決まってるじゃないの」と言う。あなたはちょっと驚く。「両手を挙げて渡るのよ」と言い添える。あなたはちょっと安心する。子供の質問は当然だ。両手を挙げるのはドライバーに見えやすくするため。そうに決まっている。ところが、母親が言う。「死体安置所で……」。これがパンチラインだ。ここであなたは大きく驚き、あきれ、大笑いする。そういう言い方もあるのかと感心もする。

あなたを笑わせたのは、あなたの常識と、それによる予想をひっくり返した結末、その落差にある。これがパンチラインだ。死体安置所という誇張と意外性、それにシャツを脱ぐとき両手を挙げるという日常性と矮小性をリンクさせたたくみな落ちとなっている。そして、このパンチラインにあなたを導くために、交差点からのスクリプト（シナリオ）があるのだ。あなたもその気になればジョークは作れる。

おまけにもう1つ。短いジョークのパンチラインを見てみよう。問答式のアレンジだ。

「私は有名な骨董品の収集家なんですが」
「わかりますよ。あなたの奥さんにお目にかかったことがあります」

（『すぐに使える英語のジョーク150』丸善ライブラリー）

ジョークで相手の警戒心を解く

わたしが交渉で使うジョークは2種類ある。1つは「もち歩くジョーク」であり、もう1つは「瞬発力のジョーク」である。交渉だけでなく、日常生活の中でも使う。もち歩くジョークは本やインターネットから仕入れる。また、友人がメールで送ってくれる。それを50話ほどもち歩く。わたしが交渉の最中に使うのは瞬発力のジョークであり、コーヒーブレイク、夜の会食やパーティーで使うのはもち歩くジョークである。この数年、成功率は高くなっている。

別のアプローチをすることもある。新聞、雑誌やインターネットから仕入れた面白そうな話題、経験した興味ある出来事などを、ジョーク仕立てにして話すという方法だ。その方が受け入れられやすく、無難ということもある。

たとえば、こうだ。「この間タクシーに乗っていてね。夏休み子供科学電話相談を聞いていたんですよね。小学校1年生の坊やだったかな。こんなことを訊くんですよね。『地球はものすごい勢いでぐるぐる回っていると聞いたんだけど、だったら、どうしてボクたち目が回らないのかな』。プッと吹き出して笑ったね。私も訊きたかったことだ」。相手が言う。「で、答えはどうでした」。「それが、笑っていて、聞き逃したんです」。空気は確実になごむ。ジョーク仕立ては有効なのだ。

するとと相手が切り返す。「最近の女子高生が使う言葉で『ND』というのがあるらしいですよ」。「どんな意味ですか」。「『人間としてどうか』という意味らしい」。「それでNDですか。女子高生もなかなかやりますね」。もちろん「ND」のことは知っている。だが、ここで「知っている」と言ってはいけない。

夏にはこんな会話を工夫する。

「暑いですね」。「暑いですね、本当に」。「いやー、この間、妻が隣の奥さんと話しているのを小耳に挟みましてね」。「どんな会話ですか」。「他愛のないものですが、笑っちゃいましてね」と言いつつ、実際にあったことをジョーク仕立てで話す。

妻：暑いですね。
隣の奥さん：暑いですね、本当に。おや、奥様、お出掛けですか。
妻：ええ、ちょっと避暑に行ってまいります。
隣の奥さん：よろしゅうございますね。軽井沢ですか。
妻：いいえ。○○デパートですよ。

くすっと笑う、そういう笑いも必要なのである。

瞬発力のジョークとは、その瞬間に口をついて出るジョークである。タイミングさえ合えば笑いの爆発は大きい。そのためにはジョークの感覚というか、ユーモアのセンスというべきか、そういうものを自ら養うことが必要だ。ジョーク本を沢山読む。ジョークのコツを手に入れ、磨く。

実は、ジョークにはパターンがあり、数は多くない。ある人は5つだと言い、別の人は10くらいだと言う。そして、世の中のジョークのすべては、このパターンのアレンジなのだという。

ジョークはパンチラインが命。あなたがジョークを作るとき、パンチラインを最後にもってくるのは絶対条件だ。次に、そこへ至る短いスクリプトを作る。「あれれ？」という方向に聞き手をミスリードし、1、2、3でパンチラインの落差へ突き落とす。笑いが弾ける。

ジョークのパターンには、誇張を使うものが多い。誇張と矮小化を組み合わせるというものもある。愚かさを笑うものもある。自分や自分の職業を笑いのタネにするのが無難だ。実は、駄洒落《だじゃれ》が大事だ。駄洒落は、言葉の意味をわざわざ曲解してみせたり、同音異義語を利用したりする。言わば、瞬間の言葉遊びだ。これが非常に有効なのだ。論理をひっくり返す駄洒落もある。その瞬発力が魅力となる。

あなたはジョークを口にする。相手は大口を開けて笑う。そして次の瞬間、相手は警戒心を解き、あなたに急接近する。ジョークがもつ力はあなどれない。

それでは、わたしがもち歩くジョークを3つ紹介しよう。

最初のものはクリーン・ジョークで弁護士ならたいてい知っている。昼夜兼用だ。職業を笑うアメリカン・ジョークである。

次の2つは夜に使う軽いダーティー・ジョークだ。ダーティー・ジョークとは、性にからんだジョークのことを言う。男性用と女性用を紹介したい（少し不謹慎だろうか）。

＊　＊　＊

列車のコンパートメントに4人。ロシア人、キューバ人、アメリカ人のビジネスマンと1人のアメリカ人弁護士が乗り合わせる。

やがて、ロシア人のビジネスマンがポケットから酒ビンを取り出して、1口飲む。「これは世界で一番うまい酒だ。ウオッカと言うんだ。そして、わが国には、ウオッカは掃いて捨てるほどあるんだ」。そう言うと、窓を半分開けて酒ビンをポイと外に捨ててしまった。

　すると、キューバ人のビジネスマンがポケットからシガーケースを取り出して1本抜き、一服つける。「これは世界一うまいシガーだ。ハバナと言うんだ。そして、わが国には、ハバナは掃いて捨てるほどあるんだ」。そう言うと、窓を半分開けて、シガーケースをポイと外に捨ててしまった。

　ロシア人とキューバ人のビジネスマンはアメリカ人のビジネスマンを見る。すると、アメリカ人のビジネスマンは突然立ち上がり、窓をいっぱいに開け、隣にいたアメリカ人弁護士をつかまえて、窓の外へ放り投げた。

＊　＊　＊

　スペインはマドリード。闘牛場に近いレストラン。

　その1つの席にメインディッシュが運ばれると、周りからも大歓声と大拍手が沸いた。

　離れて食事中だった旅行者のK氏が、席を立ち、そのテーブルに近寄ってみると、大皿には、アヒルの卵ほどの大きさの楕円の塊が2つ。

K氏「ありゃあ、何ていう料理だい?」

ボーイ「牛のタマタマ、キンノタマ、ですよ。今日、闘牛で負けた牛のヤツですよ」
K氏「ほぉー。どんな味がするのかね」
ボーイ「当店一番の人気料理です」
K氏「そうか、ワシも一度食してみたいな。明日また来る。オーダーしておこう」
ボーイ「ありがとうございます。それがね、ずっと予約でいっぱいなんですよ。2週間後なら、予約できますが」
K氏「滞在を延ばすよ。予約しておいてくれ」
――2週間後
　K氏、そのレストランに勇んで出かけ、席で今や遅しと待つ。しばらくして、ボーイが「お待ちどおさまでした」と、予約のメインディッシュをテーブルに置く。
　K氏唖然。
「キミ、私が見たのとずいぶん違うじゃないか。この間はアヒルの卵大だったよね。今日のは梅干の種の大きさしかないじゃないか。こんなに小さいのかい……」
ボーイ「ええ、本日の闘牛場で出たモノですよ」

K氏、依然として不満な表情。

ボーイ「お客さん。闘牛って、牛ばかりが負けるんじゃないんですよ」

（友人がメールで送ってくれたもの）

* * *

死んでなぜか天国の入り口にたどり着いたドラキュラを、神様は直々に出迎えた。実は周知の理由により天国への入国を思い止まらせるべく、次の提案をした。

「汝を地上にもどしてやってもよいぞ、ただし人間以外の姿でという条件付きだが。さて、何になりたいかな」

「羽があって血液を吸う生き物なら何でも」

「その願い叶えて進ぜよう」

と神様が言い終わらないうちに、ドラキュラはコウモリとなって地上にもどり、夜ごと生き物の血を吸い、空を飛び回って生を謳歌したのだが、ある日村の少年が放ったパチンコが命中して再び昇天。またもや天国の門前で神様が直々に出迎えて尋ねた。

「汝を地上にもどしてやってもよいぞ、ただし人間とコウモリ以外の姿でという条件付きだが。さて、何になりたいかな」

「羽があって血液を吸う生き物なら何でも」

「その願い叶えて進ぜよう」

と神様が言い終わらないうちに、コウモリは蚊となって地上にもどり、生き物の血を吸い、空を飛び回って生を謳歌したのだが、ある日女の頬に止まったのが運の尽き、ピシャリと叩き潰されてまたまた天国の入り口に立つことになった。またもや神様直々のお尋ね。

「これで最後になるが、汝を地上にもどしてやってもよいぞ。ただし生き物としてはもう無理だ。モノとしてならという条件付きだが。さて、何になりたいかな」

「羽があって血液を吸うモノなら何でも」

「その願い叶えて進ぜよう」

と神様が言い終わらないうちに、蚊は生理用ナプキンとなったのだった。

（『必笑小咄のテクニック』集英社新書）

どうするネゴ・スキル 16

交渉でストーリーテリングは役立つのか

Negotiation Skills

ストーリーテリングは21世紀を生きるためのツール。相手の信頼をえ、相手の共感を引き寄せる道具だ。

ストーリーテリングはプロの技。交渉というプロセスを劇的に変える。

手に入れたい。使いたい。

ストーリーテリングは人を動かす

ストーリーテリング（storytelling）とは何だ。あなた以外のたいていの人は、そう聞き返す。ストーリーとは物語。テリングとは語りである。だからストーリーテリングとは、ストーリーを語るということだ。今、アメリカでは、ストーリーテリングがおおはやりらしい。ストーリーテリングは21世紀を生きるためのツールだというのだ。

人間がものごとを知り、ものごとを理解する方法は2つある。1つは、論理であり、1つはストーリーテリングだ。ストーリーテリングの時代が何千年も続いたが、科学と論理と合理を特徴とするいわゆる西欧の近代文明が生まれ、世界に広がった。

あなたは論理と合理の世界にいる。あなたは2歳のときから自然にストーリーテリングを身につけ始める。が、7、8歳ごろに、論理と合理こそが正しいと教え込まれる。ストーリーテリングは幼児のものとして、あなたの頭の中から消し去られる。そして、あなたの今がある。

20世紀に入って反省が生まれる。論理は仮説によって真理の中の断片を拾い集めるだけではないのか。断片をかき集めても全体像は見えない。

ストーリーテリングこそが、ものごとの、そして人間の真実を包み込んだパッケージではないか。これこそが断片ではなくものごとの全体像をつかむ優れた方法ではないのか。1970年代のアメリカで、ストーリーテリングへ回帰しようという運動が始まる。先祖返りだ。あるいは東洋思想への傾斜か。21世紀に入り、ストーリーテリングの声はますます強くなる。この世紀こそストーリーテリングを必要としているというわけだ。

プロの作家に頼る経営者たち

そこでまず、ビジネスとストーリーテリングの話をしよう。

説得はビジネス活動の中心であるが、大半の経営者は人の心を動かすどころか自分の考えを伝えることにすら苦労している。そこで彼らは、プロのストーリーテラー(storyteller:ストーリーの語り手)のもとへとかけ込む。人々を動かすにはどうしたらいいか。価値観を伝えるには、コラボレーションを育むには、そして、人々を未来に導くにはどうしたらいいか。プロのストーリーテラーがそれを教える。手とり足とりだ。

ロサンゼルスにロバート・マッキーというストーリーテリングのカリスマが住んでいる。彼は作家である。そして脚本家を養成している。映画やテレビにかかわり、マイクロソフトなど大手企業のコンサルタントを務める。彼がインタヴューに答えている内容を見れば、21世紀型ストーリーテリングの実相が分かる。その一部を紹介しよう（『説得の戦略』DIAMOND ハーバード・ビジネス・レビュー編集部、239頁「ストーリーテリングが人を動かす」より）。

- 経営幹部は〈パワーポイント〉のスライドを捨てて、優れたストーリーの語り手となることにより、それまでとはまったく違ったレベルで聞き手を引きつけることができる。
- ストーリーとは、人生の構図を単に頭脳の働きによってではなく、非常に個人的な感情体験のなかで理解しようとする、人間の深い欲望を満たすものだ。
- 相手の心に残るくらい感情に訴え、自分のアイデアを伝えたいのであれば、生々しい洞察力とストーリーテリングの技術が必要だ。想像力とストーリーテリングを自由に操ることができれば、聞き手は立ち上がって嵐のような拍手を送るであろう。

- 古代ギリシャからシェイクスピア、そして現代に至るまで、偉大な語り手は皆、主観的な期待と厳しい現実の間で生ずる、この根本的な葛藤を扱っている。
- 期待と現実のギャップが聞き手を引き込む。
- 健全な懐疑主義が隠れている真実を明らかにする。
- 人を味方につけるには、真実を告げることだ。
- ストーリーテリングには知性のみならず、人生経験が欠かせない。
- 己を見極め、他人の立場で考える。
- 認知心理学者は、人間の心が理解し記憶するために、経験のかけらを集めてストーリーに仕立てる手順を、次のように説明する。まず個人の願望、つまり人生の目標を述べ、次にその願望をさえぎる力との戦いを描く。ストーリーは、これらを忘れないための手段。要点や箇条書きにまとめたところで、覚えられない。
- 企業経営に携わる人々は、自社の過去を理解するだけでなく、将来を見通すことが必要だ。では、人はどうやって未来を想像するか。それは、ストーリーとして想像する。未来に起こりうる出来事のシナリオを頭のなかで創作することで、会社や個人の未来を予想しようとするのだ。

- 偉大な語り手は、己の仮面と人生の仮面の両方を理解している懐疑主義者であり、それゆえ謙虚なのだ。しかも自分以外の人々の人間性についても深く理解しているため、けっして温かい気持ちを忘れることなく、また現実を見失うことなく他人と接することができる。この二面性こそ、一流のリーダーの条件だ。

長々と引用したのは、ストーリーテリングの重要な要素がここに詰め込まれているからだ。あなたが交渉でストーリーテリングを使うとき、このカリスマの言葉を思い出し、かみしめてもらいたいのだ。

裁判はストーリーテリングで成り立っている

続いて裁判とストーリーテリング、あっせんとストーリーテリングの話をしよう。特に刑事裁判はストーリーテリングで成り立っている。アメリカの陪審法廷を想像してほしい。K氏は殺人罪で起訴された。K氏は殺人を否認している。検察官は冒頭、12人の陪審員を前にして、被告人K氏がABCというプロセスを経て被害者G氏を故意に殺害したと述べる。つまり検察官はストーリーテリングを行う。弁護人は立つ。そして、被告人K氏はDEFというプロセスを経て被害者G氏と揉み合い、G氏は机の脚に躓いて倒れ、頭を打ち死亡したと主張する。つまり弁護人はストーリーテリングを行う。法廷に次々と証拠物が持ち込まれ、次々と証人が証言する。そのあとで、もう一度、検察官がストーリーテリングを行い、弁護人もそれを行う。

12人の陪審員は、法廷に呈示された証拠物や証言を2つのストーリー、すなわち検察官が語ったABCのストーリーと弁護人が語ったDEFのストーリーに当てはめながら、有罪・無罪を判断する。

日本でも、裁判官を前にして、また裁判官と裁判員を前にして、検察官と弁護人がストーリーテリングを競う。ストーリーテリングは、裁判官や裁判員の心証を自分の方に引き寄せるためだ。そして判決もまた、ストーリーテリングなのだ。

けれども、裁判官にしても検察官にしても弁護人にしても、ストーリーテリングの自覚はない。民事裁判におけるストーリーテリングはさらに自覚に欠ける。そのように思う。ただ、法社会学の世界では、法とストーリーテリングの議論が始まり論文が出始めている。

アメリカのユタ大学のロースクールにジム・ホルブルックという教授がいる。あっせん人や仲裁人として活躍した経験もある。ホルブルック教授は今、「ストーリーテリングと法（Storytelling and the law）」という講座をもち、教えている。学生にストーリーを書かせているらしい。

なぜホルブルック教授は法とストーリーテリングの深い関係に気がついたのか。これからは私の勝手な想像になるが、おそらくＡＤＲ（Alternative Dispute Resolution の略で、あっせん・仲裁など裁判外紛争解決のこと）での実務経験、それもあっせん人としての経験からヒントを得たのではないかと考える。

あっせんとは、あっせん人が紛争の当事者の話を聞き、解決を仲介することである。早い話、話の中に入って仲直りさせる手続きだ。そして、あっせんの申立てがあっても、あっせんを受けるのも受けないのも自由なのだ。いやなら途中でやめてもいい。堅苦しい手続き上のルールはない。秘密は守られる。

訓練を受けた中立的なプロのあっせん人が親身になって解決へと努力する。解決し

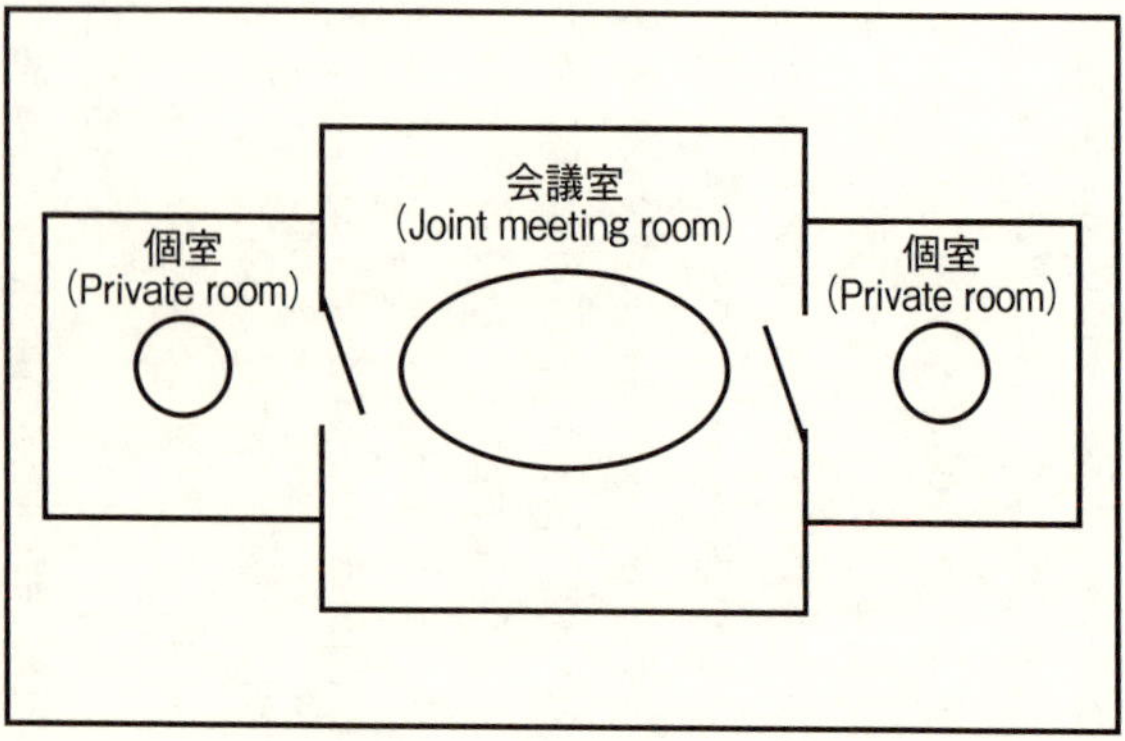

ようとする紛争は多岐にわたる。市民の間の小さな争い、たとえば離婚や子供の親権の争い、近隣紛争、それに医療過誤紛争や建築紛争といったむずかしい争い、そして企業間のビジネス上の争いなどなどだ。

　イギリスのロースクールの教材『A PRACTICAL GUIDE TO LAWYERING SKILLS〈3rd〉』に「あっせん」（Mediation）の方法が書いてある。あっせんの場として上図のようなセッティングをする。

　まず、会議室に紛争当事者全員が集まる。双方が10分から15分程度自分の主張や思いを話す。あっせん人は１人部屋のすみでそれを聞く。当事者はそれぞれの個室に分かれる。あっせん人はそれぞれの個室に顔を出して当事者と話し合い、アドバイスをする。行ったり来たりする。そのあとでまた、紛争当事者が全員会議室に入り、話し合う。そしてまた個室へ。あっせん人は個室を行ったり来たり。このようなプロセスの中で解決と合意に至る。

考えてみると、あっせんのプロセスはまるでストーリーテリングの舞台そのものだ。まず、会議室で、それぞれがストーリーテリングを行い、それぞれが聴く。それがスタートだ。個室を訪れるあっせん人は、そこでもストーリーテリングを聴き、アドバイスをする。そこで聞いたストーリーをもって別の個室へ行き、伝える。

ストーリーテリングの中に、解決への解が隠されている。その解をあっせん人が発見し、当事者にアドバイスする。当事者が自発的に解決へと向かうことを、あっせん人が手助けする。あっせん人は紛争を裁定しない。あっせん人は自分が正しいと思う結果に当事者を誘導してはならない。これは、あっせん人の義務とされる。あっせん人はあくまでも当事者間の交渉による解決や合意を助ける立場にある。だからあっせん人は交渉スキルを身につけていなければならない。

わが国では、図（次頁）のようなセッティングになる。

会議室にあっせん人が陣取る。個室は紛争当事者の待合室だ。あっせん人からの呼

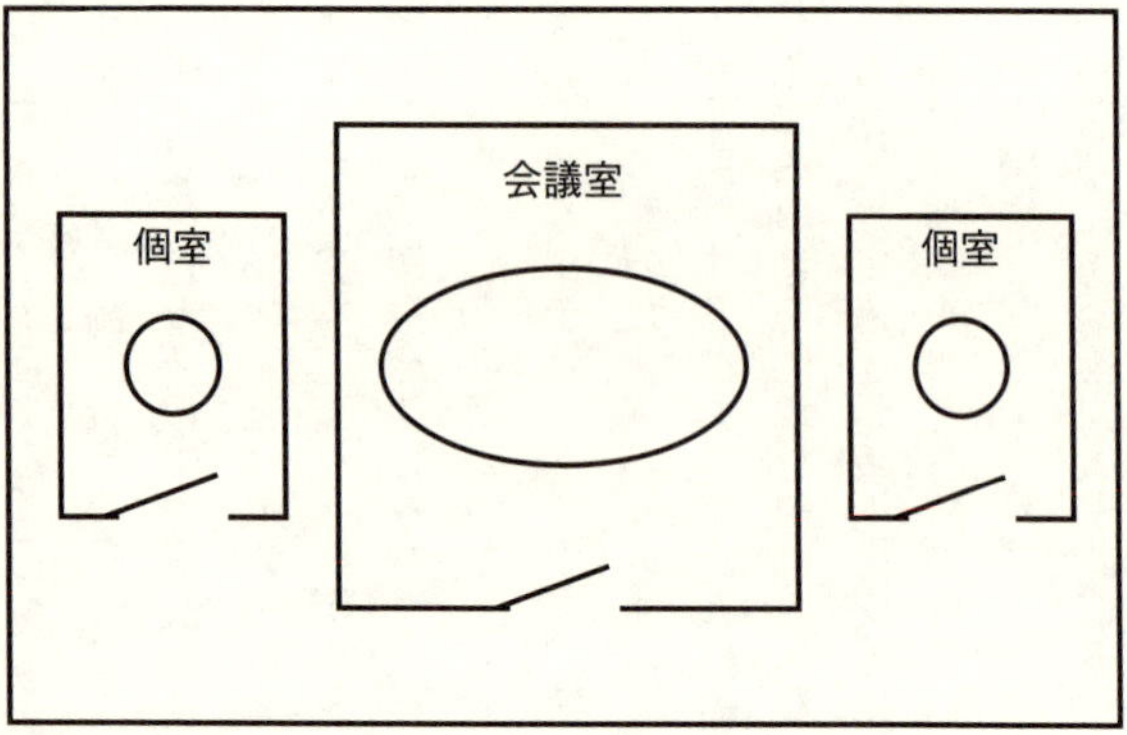

び出しを待つ。あっせん人は当事者を個別に会議室に招き入れて話を聞く。紛争当事者を一緒にはしない。けんかになることを恐れるからだ。ストーリーテリングはあっせん人を通じて間接的に相手側に語られる。いよいよ解決となってはじめて会議室で両当事者が顔を合わせる。もちろん、あっせん人によっては、両当事者を会議室に入れて話し合わせるということもある。

アメリカであっせん人を経験したある大学院教授の話を聞いたことがある。最初から終わりまで、あっせん人と紛争当事者全員が、一室にこもり切りで話し合って解決するという。こういうやり方もあるようだ。

交渉でストーリーテリングを使う

さて、本題に入ろう。あっせんというものが、そういうものであるなら、あっせんに至る前の交渉の場でストーリーテリングを使えばいいではないか。あなたはそう思う。わたしもそう思う。あっせんは、そもそも交渉に失敗した人たちのために用意されたものでもある。

あなたは端的に訊いた。交渉でストーリーテリングは役立つのか。端的に答えよう。役に立つ。では、交渉のどの段階で、どのようにしてストーリーテリングを行うのか。これはむずかしい。緊迫した交渉現場で、それが、たとえばジョークでほぐれたとしても、また、交渉当事者間に信頼関係が醸成されたとしても、どんなタイミングでどんなストーリーテリングを入れるか。そのスキルは、トライ・アンド・エラーによる経験の蓄積によって手に入れるしかない。

あなたと共に、あるM&Aの場合を想定してみよう。

ある市場で競争関係にあるA社のトップのa氏とB社のトップのb氏があるパーティーで会う。後日、別のパーティーでも会う。事業は事業として、a氏とb氏は個人的に親しくなり始め、信頼関係も生まれてくる。何かの拍子にａ氏がｂ氏に苦労話をする。生い立ちや若いときの失敗談に成功談である。ｂ氏は聞く。今度はｂ氏が同じように話し始める。何回か会い話をするうちに、ａ氏はＡ社の歴史を語り、ｂ氏はＢ社の歴史を語り始める。会社の歴史は、トラブルの連続であり、失敗と成功の連続である。２人はストーリーテリングの交換をする。

トラブルに関するストーリーテリングは５種類あると言われる。「戦略の物語」、「予防の物語」、「回避の物語」、「受容の物語」、「学習の物語」の５つだ。ａ氏とｂ氏はこの５つのストーリーテリングを織り交ぜたに違いない。

また、ストーリーテリングは始まりがあり、中間があり、結論がある。起承転結という言葉がある。「起承」は始まりとその続きであり、「転」が中間であり、「結」が結論だ。そして「転」こそが核心である。期待と現実のギャップ、立ちはだかる壁、それを前にした苦悩、乗り越える方法の模索、そして「結」へと向かう。

２人のストーリーテリングはＡ社の現状とＢ社の現状に及ぶ。市場におけるＡ社とＢ社の位置が浮かび上がる。Ａ社は将来こうありたい。だが、壁が立ちはだかっている。何とかしたい。Ｂ社も同じ問題をかかえている。その壁はＡ社とＢ社が協力すれば共に乗り越えることができるのではないか。そうすれば、この市場で先行するC社とD社に対抗し、A社とB社は競争優位に立てるのではないか。そうでない限りA社もB社も共に未来はない。協力のドラスティックな方法はA社とB社の合併しかない。これがa氏とb氏の結論であった。

合併への具体的な作業がスタートする。まずは内部説得だ。a氏はA社の幹部を集めて説得する。内部に向けたストーリーテリングだ。取締役会で合併交渉の承認を得る。担当チームが決まる。b氏も同じ作業を行う。

そして、A社とB社の交渉担当チームが合併契約への交渉を始める。担当チームの交渉は、a氏とb氏のストーリーテリングを分解し、論理と合理の世界へと引きもどす。交渉はたびたび壊れそうになる。それを引きもどすのが、やはりストーリーテリングなのだ。a氏のストーリーテリングがA社の担当チームにどこまで理解されているかが問題だ。B社の担当チームも同じ問題をかかえる。そして、a氏とb氏のもつ危機意識と共感が、A、B両社の担当チームの間でも共有されているかが合併の成否を左右する。

合併がなったとする。A社とB社の企業文化を織り合わせ、それを1つのものとしなければならない。その方法もまた、間断のないストーリーテリングなのだ。合併会社の社員全員が将来に向けて夢を共有するためである。語るのは誰か。トップである。

ストーリーテリングは、交渉の冒頭に展開する場合が多いかもしれない。また、交渉が行き詰まった中間段階で熱を込めて行うこともあるだろう。あなたがストーリーテリングに成功すれば、論理を軽く超えて相手の共感を得る。それは相手もまたストーリーをもっているからである。相手は思う。その点は分かる。その思いも分かる。そのつらさも分かる。自分たちもそうだ。それが論理を超えるテコとなる。相手もストーリーテリングを行うだろう。あなたは聴く。そして、あなたもまた共感する。解決や合意への道筋は相互のストーリーテリングの中から発見される。交渉は成功する。

あなたが卓越したストーリーテラーとなることを期待したい。

どうするネゴ・スキル 17

交渉の上手な締めくくり方が分からない

Negotiation Skills

交渉の締めくくり、すなわちクロージングはむずかしい。クロージングの入口に、ときとして、壁が立ちはだかる。どうすればいいのか。まず、相手のプライドに気をつけよ。そして、小さなプレゼントを用意し、ともかく相手を褒めよ。

クロージングの壁は〝プライド〟

交渉を締めくくるのはむずかしい。上手に締めくくるのは、もっとむずかしい。「ドアはいったん閉じられるとめったなことでは開かない」という諺があるらしい。上手にやりたい。そこで、交渉の締めくくり、クロージング（closing）とも言うが、それについて多くの助言が生まれる。こんな風にだ。

○ 交渉の終わりには兆しがある。見逃すな。あなたからもシグナルを送れ。
○ 緊張感を解き、タイミングをはかれ。
○ それほどむずかしいことではない。ちょっとつつくような感覚でいい。
○ クロージングに入ると、相手が緊張してパニックを起こし、合意済みの問題に疑問を出したり、反対したりすることがある。冷静に処理しなければならない。
○ 〝イエス〟と言いやすい提示をせよ。
○ そもそも交渉とは、問題解決のコミュニケーションだ。うまくやれ。
○ 合意は一括して行うべきだが、細部の点検を怠るな。悪魔は細部に宿る。確認、確認、確認だ。合意内容を書面化するとき、未解決の問題を発見することがある。落ち着いて解決しよう。

○　契約書にサインをしても終わりではない。サインのインクが乾くまで交渉は終わっていない。握手はそのあとだ。

これらの助言について、あなたは知っている。知りたいのは別のことだ。わたしが想像するに、クロージングの入口に大きな壁が立ちはだかっており、あなたは壁を前に立ち止まっている。そして、考えている。この壁は何だ。この壁を何とかしないとクロージングに入れない。

壁の正体は目に見えない。実は、プライドなのだ。自尊心と言ってもいいし、メンツと言ってもいい。それは、しかし、あなたのプライド、あなたのメンツではない。相手のプライド、相手のメンツなのだ。だから、やっかいだ。プライドの壁は交渉を潰してしまうこともある。交渉を上手に締めくくるには、このプライドの壁を何とかするしかない。要するに、相手のプライドを守り、相手のメンツを立てる。この1点に注力することだ。

プライドの壁を取り払う方法

　ある地方都市に本社のある企業のオーナーが財団をもっている。あなたは財団から美術館の設計・監理を頼まれる。あなたは著名な建築設計者で自分の名前を冠した株式会社設計事務所を経営している。一度、オーナーに会ったが、交渉は副社長に任せた。交渉は進む。オーナーのイメージどおりのプランができた。いよいよ契約を締結する運びとなった。契約金額は、オーナーが予算として指定した金額よりも低く抑えた。

　副社長が契約書の案を持参する。だが、オーナーの機嫌が悪い。プランが悪いとは言わない。契約書の内容が悪いとは言わない。設計料を減額せよとも言わない。しかし、これでいいとも言わない。この契約はあなたにとっても大事な契約だ。この美術館の設計は、あなたの名声をさらに上げることになる。設計のアイディアはあなたのものだ。それもオーナーに伝えてある。なぜだ。あなたは考える。そして気づく。

　あなたは、副社長を連れて新幹線に飛び乗り、オーナーのもとへ。頭を下げる。ご下命に深く感謝していると言い、そして約束する。設計チームは私が直接指揮をとる。

監理についても、月2回は私が現場に顔を出す。オーナーは喜び、契約書に調印する。あなたはオーナー自慢の茶室で一服の茶の接待を受ける。クロージングを阻んでいたのは、プライドという壁だった。壁は取り払われた。

だが、これは軽いケースだ。

わたしは弁護士。弁護士は交渉のプロだ。わたしの経験では、これからクロージングというときに、突然、壁が立ちはだかることが多い。交渉は潰れかける。原因はたいてい相手のプライドだ。プライドは繊細で傷つきやすい。配慮していても、相手の方が傷ついているということも多いのだ。交渉の世界は、理屈を言い合いながらも感情的で人間くさい。

この壁を取り払う方法はあるのか。ある。それは、タイミングをはかり、相手が受け取りやすい小さな譲歩をすることだ。大きくなくていい。譲歩というより小さなプレゼントというべきか。それで充分だ。相手に勝利感をプレゼントし、プライドを癒すのだ。

これに関連して、大事なことを伝えよう。

1つは、最後まで、この小さなプレゼントを残しておくことである。クロージングの前に、手持ちの譲歩分全部を使い切らないでほしい。少しだけ残しておく。最後のプライド対策だ。相手のメンツを立てるのは、ものとは限らない。その場合のアイディアもあらかじめ考えておきたい。

もう1つは、交渉中、相手を評価し褒め続けることである。クロージングのあとも、しっかりと相手を評価し褒める。これは相手に、ずっと、勝利感をもち続けてもらうためだ。相手の交渉がどんなにおそまつであっても、そうする。

さらにもう1つ。あなたが勝っても、バンザイはしない。バンザイはもってのほか。ニタニタも許されない。「いろいろ教えていただいた。あなたが相手だったから、あなたの格別のご配慮があったから、この合意はできた」と頭を下げ、「あなたはすごい」と口にする。歯が浮くような言葉だが、上手に言う。これが、将来、あなたを救うことになる。

あなたの相手が、プロの交渉者である場合の留意点を1つ追加しよう。

プロは、2回汗をかく。汗をかくとは、努力するということである。

最初の汗は、合意を取りつけるため。2回めの汗は、合意の直後に、もうひとかじりするためである。ひとかじりのスキルは先に紹介したが、プロの交渉者は必ずこれをやってくる。注意が必要だ。たとえば、こうだ。

あなたは室内装飾業者である。別荘のオーナーからダイニングルームの内装を頼まれる。床も天井も壁も全部張り替えてくれ、シャンデリアも新しいものにしたいと言う。あなたは見積書を出す。シャンデリアを500万円と見積る。オーナーは100万円のものにせよと言う。あなたは言う。「この部屋で、この内装で、そしてあなたのステイタスで、最もふさわしいのはこの500万円のシャンデリアだ」。オーナーは一蹴する。「いや、100万円のものでいい」。あなたは食い下がるがオーナーの意思は固い。ほかの内装材も安いものとなった。

あなたは見積書を書き直し、契約に漕ぎつける。オーナーが契約書にサインをし、大きな象牙の印鑑を押す。頼むぞと、オーナーはあなたの肩を叩く。その瞬間をとらえる。「素晴らしいダイニングルームになりますよ」とあなたは言う。オーナーは喜ぶ。「ところでオーナー。やっぱりこのダイニングには500万円のシャンデリアですよ。そうでしょう。そう思いませんか」。すると、オーナーは言う。「そうだな。あんたがそこまで言うのなら、そうするか」。ひとかじりに成功だ。契約交渉で受け入れられなかった提案を、合意成立の瞬間を待って、もう一度もち出す。成功の確率は高い。

理由は「ま、いいか」にあると先に説明したが、もう少し掘り下げて考えると、こういうことらしいのだ。合意を決断するまでは、それでいいのかどうか確信がなく、心配し、保守的になる。しかし、いったん合意を決断してしまうと、とたんに自分の決断に自信をもち、楽天的になる。やれやれよかったと気も抜ける。プロの交渉者は、その心のスキを突く。突かれた相手は「ま、いいか」。

ひとかじりがスカーフ1枚、ネクタイ1本ならよいが、重要な取引案件だと、相手のひとかじりが与える影響は大きい。「ま、いいか」で契約を台無しにすることだってあるのだ。そんなときどうするのか。防御方法はあるのか。ある。

今度は、立場を変えて、あなたはオーナーだ。オーナーの立場で考えてみると、防御方法はいくつもある。もちろん、あなたは気を抜かない。毅然としていることが必要だ。

方法①：「500万円のシャンデリア。いいね。だが、これは家内が決めることになっている。家内に聞いておくよ」と言って逃げる。

方法②：「それはどうなのかね。100万円と決めたではないか。私にふさわしいシャンデリアをと言ってくれるのはうれしいが、シャンデリアはこのままにしようよ」。自然な言いまわしで断る。内装業者は引き下がるだろう。

方法③：「この契約は、あんたと2人で作り上げた。完璧なんだ。だから変更なしだ」と撃退する。

方法④：内装業者を褒める。「あんたの評判はいいよ。仕事も奇麗でセンスもあるという噂だ。だから頼んだんだ。これからも頼むよ」。褒められて悪い気はしない。お世辞でもだ。褒めてくれる相手からひとかじりするのはむずかしい。

方法⑤：甘える。友だちになる。「わしは素人《しろうと》だ。何も分からない。この材料は何と言うのかな。この材料はなんでこんなに高いのかな。教えてほしい。勉強になるね。あんたに弟子入りしたい。弟子にしてくれるかい」。教えてくれという素人に、教えてやりながら、ひとかじりを企《たくら》むことはできない。また、友人からひとかじりする人間はいない。

上手に交渉を締めくくる方法を伝えた。特に大切なのは、相手を評価し褒めることである。クロージングのあとも、である。相手がプロでもそうだ。繰り返すが、勝っても嬉しい顔を見せない。相手が負けていても勝利感を分け与えるのだ。

あなたは思うかもしれない。そこまでやるのは、やりすぎだ。相手を操る陰険なスキルではないか。その一方で、また思う。そうすることが、相手への深い思いやりということでもある。どっちだ。交渉の世界は複雑だ。おそらく、両方の意味合いをもっているのだろう。

称賛は、勝った者が打ち負かされた者に対して贈る究極の儀礼だという人もいる。交渉は戦いであり、戦った者同士の間には、敬意や友情のようなものが生まれるのであろうか。

あなたは聞いたことがないだろうか。イギリスとアルゼンチンが戦ったあのフォークランド紛争のあと、勝ったイギリス海軍の提督が敗れたアルゼンチン海軍の提督をイギリス艦隊の旗艦に招き、ディナーを共にし、「あなたの戦いぶりは素晴らしかった」と称えたというのである。じーんとくるではないか。交渉もまた、そうありたいものではある。

おわりに　――裏切りか、協調か。なぜwin-winなのか――

「12　交渉でゲームの理論は役立つのか」でゲーム理論の話をした。そして、政治学者のロバート・アクセルロッド氏がコンピューターによる「囚人のジレンマコンテスト」を主催したことを紹介した。

このコンテストはどのようにして行われ、そこからどのような教訓が得られたのかについて、あなたに伝えたい。

まず、「囚人のジレンマ」とはどんなジレンマだったか。あなたに思い出してもらいたい。要約しよう。

2人のプレイヤー（2人の犯罪者）がいる。それぞれが協調（黙秘）と裏切り（自白）という2つの選択肢をもつ。

お互いに、相手がとる行動を知らない。その中で自分の選択を行う。相手がどう出ようとも、自分の方は協調（黙秘）するより裏切り（自白）の方が得だ。だが、両方とも裏切りを選択すると、両方が協調（黙秘）するより損をしてしまう。ここにジレンマがある。

思い出したろうか。そして、「囚人のジレンマ」モデルは、政治、社会、経済などの重要問題を深く考えるときに使われる。もちろん交渉でもだ。

そこで問いが立つ。裏切りが勝つのか、協調が勝つのか。これを解くためにアクセルロッド氏はコンテストを実施したのだ、2回も。

1回めのコンテストには14名が参加した。心理学、経済学、政治学、数学、社会学の5つの分野からだ。

アクセルロッド氏は次のマトリックスを呈示する。

参加者は左の「囚人のジレンマ」を200回戦い得点を競う。これが1試合。同じ相手と5試合戦う。総当たりであり、自分とも戦う。参加者は、1回ごとに裏切りか協調かを選ぶ決定規則を書き込んだプログラムをもち込む。要するに、プログラム対

横プレイヤー

縦プレイヤー	協調	裏切り
協調	3点、3点 （協調し合う報酬）	0点、5点 （協調した方は食い逃げされ、裏切りには魅力がある）
裏切り	5点、0点 （裏切りには魅力があり、協調した方は食い逃げされる）	0点、0点 （両方とも裏切った懲罰）

縦プレイヤーの利益は、各欄の左側に示されている。

（『つきあい方の科学』ミネルヴァ書房）

プログラムの対戦だ。ほかにもルールはあり、それにもとづいてコンテストは行われたが、詳細は飛ばそう。

結論から言うと、優勝したのは、トロント大学のアナトール・ラポート教授が作った「tit for tat（しっぺ返し）」戦略と呼ばれるコンピューター・プログラムだった。同教授のプログラムは単純なものであった。

①　スタートは協調から始める。

②　相手が協調なら、次の回は協調する。

③　相手が裏切りなら、次の回は裏切る。

④　これを繰り返す。

2回めは、6カ国から62名が参加した。1回めに参加した人たちも招待された。参加者は、コンピューター愛好家、コンピューター・サイエンス、物理学、経済学、心理学、数学、社会学、政治学、そして進化生物学の各教授たちだった。国籍もアメリカ、カナダ、イギリス、ノルウェー、スイス、ニュージーランドと広がった。そして2回めの優勝者も、ラポポート教授だった。


このコンテストから得られたものは何か。

アクセルロッド氏は第1回戦から得た教訓について、その著書『つきあい方の科学』（ミネルヴァ書房）の中で、次のように語る。

「驚くべきことに、高得点をあげた参加者と低い得点の参加者を比べると、たった一つの性質が運命の分かれ道となっていた。それは上品さ（nice）、すなわち自分からは決して裏切らないという性質である」

「相手が裏切ったときはどうなったのか。そのときの対応のしかたが分かれ、それが彼らの順位を決める鍵となった。その鍵とは、……心の広さ（forgiveness）である」

「簡単にいえば、相手が裏切った後でも再び協調する性質のことである」

「優勝した『しっぺ返し』は、裏切られた直後は許さないが、報復は1回きりで過去のことは水に流してしまう」

同氏は、2回戦から得た教訓についても語る。

「1回目の結果からある教訓を得た人と別の教訓を引き出した人との興味ある対戦に気づく。第一の教訓は『上品に心を広く』というものであり、第二の教訓は『ほかの者が上品で心を広くしてふるまうなら、彼らを利用しようと努める方が得である』という、第一の教訓を打ち破ろうとするものである」

「第二の教訓に従った者は、第一の教訓をかたなしにしようともくろんでいた。とはいえ、この大会においては、搾取しようとして、……自分が受けた打撃を上回る利益をあげた参加者は、一人もいなかった」

そして、同氏は総括する。

「『しっぺ返し』が成功した要因をもう一度繰り返すと、自分の方から裏切り始めることはなく、相手の裏切りには即座に報復し、心が広く、相手に対してわかりやすい行動をとったことである。上品にしていれば無用なトラブルを避けることができ、即座の報復は相手に対して裏切りたいという誘惑を断ち切らせ、心の広さは協調しあう関係を回復するのに役立つ。そして、態度のわかりやすさによって、相手が自分を理解してくれて、長い協調関係をもたらすのである」

「囚人のジレンマコンテスト」から得た教訓は、もちろん交渉においても教訓とされなければならない。

そして、これと歩調を合わせるかのように、交渉の世界ではwin-win《ウインウイン》交渉術が大流行中である。win-winとは、交渉当事者双方にとって受け入れられる解決策を見出し、お互いが勝利感というか、満足感をもって交渉を終えることだ。

1970年代、プロの交渉者や研究者たちがwin-winへのアプローチを取り始め、今ではwin-winでなければ交渉ではないとまで言われるようになった。かつてのzero-sum《ゼロサム》理論（2者の一方に利益、もう一方に損失、両者の合計が必ずゼロになるという考え方）とは対極にある考え方である。言ってみれば、交渉は戦いであり、zero-sumはその結果であるが、そうでありながらも、双方の協力によって戦いを止揚し、双方が満足できる結果を得ようとする姿勢ないしは哲学、それがwin-winなのである。

上品で心の広い交渉、相手が裏切ったら報復し、相手が協調にもどれば過去の裏切りは水に流す。そして、交渉者双方が満足できる解決に至り、それぞれ勝利感をもって別れる。こんな素晴らしいことはない。確かに、そんなことも実際にありうるであろう。しかし、そうはならない交渉も山とある。これも現実である。

「囚人のジレンマコンテスト」が与えた教訓にも、また win-win 交渉術においても、実は例外が1つある。この場合、教訓は死に、win-win 交渉術は力を失う。それは、相手と再び顔を合わせることがなく、また、相手の善意を全く必要としない場合の交渉だ。敵対を厭《いと》わない。不愉快でもいい。相手を打ち負かして勝利を手にしたい。考えてみれば、そんな交渉もあることに気がつくはずだ。

それでもあなたは思う。そんな交渉でも、相手に善意を求め、気持ちよく笑って別れたいものだ。あなただけではない。日本人の多くがそうだと思う。そのことの良し悪しは言うまい。わたしはあなたに言いたいのだ。社会は、確かに人々の善意で成り立っている。しかし、あなたが裏切られたら、その相手に報復するだけのパワーをもってもらいたい。相手が善意を示したら、過去の裏切りは水に流す。そういう交渉態度をあなたに期待したいのだ。

それでも、あなたは1つの疑問をわたしに突きつける。敵対している相手との間でも協調は可能なのか。可能である。1つ例を示そう。

第一次世界大戦中の西部戦線での出来事だ。フランスとベルギーにまたがる800キロにも及ぶ塹壕戦で、不思議なことが起こった。いつのまにか戦いが熾烈なものでなくなったのである。敵同士なのに、お互い、殺しもせず、殺されもしない関係が出来上がったと言うのである。なぜなのか。考えてもらいたい。

古い話をもち出してしまったが、現在の多国間関係を見てみれば、それはすぐに理解できる。世界は、平和のために、敵同士の協調に腐心しているではないか。

最後に、わたしの事務所に案内しよう。事務局スペースには、事件記録を保管するロッカーが並んでいる。どのロッカーの扉を開いても、その裏側に1枚の紙が貼ってあり、そこにはこう書いてある。

わたしは、毎日、これを見る。

フランソア・ド・カリエール（1645～1717）はフランスで生まれ、ルイ14世の時代に生きた希代の外交官であり交渉家であった。死の前年に『外交談判法』（岩波書店）を出版した。今も、世界中で読まれている。次の文は同書の中にある。

交渉家の理想

気分にむらがなく、物静かで忍耐強く、相手のいうことに、何時でも気を散らさずに耳を傾けられるということである。

人との応対がいつも開けっぱなしで、おだやかで、ていねいで、気持がよく、また、物腰が気どらないでさりげなく、そのためにうまく相手から好かれるということである。

カリエール

引用・参考文献等一覧

『交渉力の研究―Ⅰ』　藤田 忠　プレジデント社　1990
『交渉力の研究―Ⅱ』　藤田 忠　プレジデント社　1990
『交渉ハンドブック』　藤田 忠監修、日本交渉学会編集　東洋経済新報社　2003
『NYPD No.1ネゴシエーター最強の交渉術』　ドミニク・J・ミシーノ、ジム・デフェリス／木下真裕子 訳　フォレスト出版　2005
『コミュニケーション力』　齋藤 孝　岩波書店　2004
『交渉学―相手を読み切る戦術』　加来耕三　時事通信社　1999
新版『ハーバード流交渉術』　ロジャー・フィッシャー、ウィリアム・ユーリー、ブルース・パットン／金山宣夫、浅井和子 訳　TBSブリタニカ　1998
『「交渉」からビジネスは始まる』　DIAMONDハーバード・ビジネス・レビュー編集部編訳　ダイヤモンド社　2005
『ハーバード・ビジネススキル講座　交渉力』　ハーバード・マネジメント・アップデート編集部、ハーバード・マネジメント・コミュニケーション・レター編集部編著／DIAMONDハーバード・ビジネス・レビュー編集部 訳　ダイヤモンド社　2006
『「ハーバード流交渉術」を超えて』　交渉力研究会　ストーク　1995
『新ハーバード流交渉術』　ロジャー・フィッシャー、ダニエル・シャピロ／印南一路 訳　講談社　2006

新装版『決定版　ハーバード流〝NO〟と言わせない交渉術』　ウィリアム・ユーリー／齋藤精一郎 訳　三笠書房　2000
『問題解決の交渉学』　野沢聡子　PHP研究所　2004
『交渉力入門』　佐久間 賢　日本経済新聞社　1989
『交渉戦略の実際』　佐久間 賢　日本経済新聞社　1996
『交渉力のプロフェッショナル―MBAで教える理論と実践』　ジーン・M・ブレット／奥村哲史 訳　ダイヤモンド社　2003
『東京大学公開講座　ゲーム―駆け引きの世界』　著者代表　蓮實重彦　東京大学出版会　1999
『「心理戦」で絶対に負けない本―敵を見抜く・引き込む・操るテクニック』　伊東 明、内藤誼人　アスペクト　2000
『「人望」とはスキルである。―惹きつけ、動かし、成功を収める5大心理技術』　伊東 明　光文社　2003
『絶対相手にYESと言わせる心理作戦』　内藤誼人　オーエス出版　2001
『悪魔の対話術』　内藤誼人　ダイヤモンド社　2004
『「人たらし」のブラック心理術』　内藤誼人　大和書房　2005
『ゲーム理論で解く』　中山幹夫、武藤滋夫、船木由喜彦　有斐閣　2000
『ゲーム理論トレーニング』　逢沢 明　かんき出版　2003
『仕事に使えるゲーム理論』　ジェームズ・ミラー／金 利光 訳　阪急コミュニケーションズ　2004
『図解雑学　ゲーム理論』　渡辺隆裕　ナツメ社　2004
『つきあい方の科学―バクテリアから国際関係まで』　ロバート・アクセルロッド／松田裕之 訳　ミネルヴァ

書房　1998
『囚人のジレンマ―フォン・ノイマンとゲームの理論』　ウィリアム・パウンドストーン／松浦俊輔他 訳　青土社　1995
『ゲームの理論入門―チェスから核戦略まで』　モートン・D・デービス／桐谷 維、森 克美 訳　講談社　1973
『あなたもこうしてダマされる―だましの手口とだまされる心理』　ロバート・レヴィーン／忠平美幸 訳　草思社　2006
『脳は意外とおバカである（原題：A mind of its own）』　コーデリア・ファイン／渡会圭子 訳　草思社　2007
『「相手の本心」が怖いほど読める！』　デヴィッド・J・リーバーマン／小田 晋 訳　三笠書房　2006
『一橋ビジネスレビュー　2003年春号（50巻4号）』　一橋大学イノベーション研究センター　東洋経済新報社　2003
『影響力の武器』　ロバート・B・チャルディーニ／社会行動研究会訳　誠信書房　2005
『アメリカの一流弁護士に学ぶ人から信頼されるテクニック74―職場で、家庭で、ビジネスで』　ノエル・C・ネルソン／四木拓朗 訳　ピアソン・エデュケーション　1999
『どんなときでも「YES」と言わせる交渉術』　ロナルド・シャパイロ、マーク・ジャンコウスキー／高橋則明 訳　アスペクト　2005
『「落とし処」の研究―実践・交渉学入門』　大西啓義　ダイヤモンド社　2000
『ビジネス交渉術―成功を導く7つの原理』　マイケル・ワトキンス／藤田 忠 監訳　PHP研究所

２００４
『世界一わかりやすい絶対勝てる交渉術』　ジョン・イリチ／登内温子 訳　総合法令出版　２００２
『交渉の戦略スキル』　Harvard Business Review 編／ＤＩＡＭＯＮＤハーバード・ビジネス・レビュー編集部 訳　ダイヤモンド社　２００２
『法廷における〈現実〉の構築―物語としての裁判』　ランス・ベネット、マーサ・フェルドマン／北村隆憲 訳　日本評論社　２００７
「物語としての法」『思想』７７７号　石前禎幸　岩波書店　１９８９
『権利の言説―共同体に生きる自由の法』　棚瀬孝雄　勁草書房　２００２
『法社会学』第60号「物語と裁判」　小野坂弘／日本法社会学会編有斐閣　２００４
『法社会学』第60号「法の物語と紛争の語り　北村隆憲／日本法社会学会編　有斐閣　２００４
『ＱＴ質問思考の技術』　マリリー・Ｇ・アダムス／中西真雄美 訳　ディスカヴァートゥエンティワン　２００５
『リーガル・ネゴシエーション』　加藤新太郎編／柏木昇、豊田愛祥、堀龍兒、佐藤彰一　弘文堂　２００４
『ネゴシエーション』　ブライアン・フィンチ／氷上春奈 訳　トランスワールドジャパン　２００３
『外交談判法』　フランソワ・ド・カリエール／坂野正高 訳　岩波書店　１９７８
『交渉術の極意（原題：The Secrets of Successful Negotiation）』　ジュリエット・ニーレンバーグ、アイリーン・Ｓ・ロス／亀井里香 訳　産調出版　２００４
『ロースクール交渉学』　太田勝造、草野芳郎編著／奥村哲史、鬼澤友直、豊田愛祥、西潟眞澄　白桃書房　２００５

『パワー交渉術―絶対に成功する21のルール』 ジム・トーマス／安達かをり 訳 トランスワールドジャパン 2006
『交渉の戦略―思考プロセスと実践スキル』 田村次朗 ダイヤモンド社 2004
『交渉ケースブック』 太田勝造、野村美明 商事法務 2005
『交渉術7つの原則』 西潟眞澄、宮武夫美代 ケー・アイ・ピー 1997
『ネゴシエーション―あらゆる取引が必ず成功する交渉術』 ブライアン・フィンチ／氷上春奈 訳 トランスワールドジャパン 2003
『マネジャーのための交渉の認知心理学―戦略的思考の処方箋―』 マックス・H・ベイザーマン、マーガレット・A・ニール／奥村哲史 訳 白桃書房 1997
『絶対に負けないスマート交渉術』 ハリー・ミルズ／今井順治 訳 フォレスト出版 2006
『法交渉学入門』 小島武司 編著／(法交渉学実務研究会) 小島武司、飯島澄雄、辛島 睦、鈴木正貢、竹内康二、堤 淳一、福田宗孝、柳川恒子、太田勝造 ㈳商事法務研究会 1991
『必笑小咄のテクニック』 米原万里 集英社 2005
『アメリカン・ジョークに習え!』 森 宗貴 アルファポリス 2002
『英語ジョークの教科書』 丸山孝男 大修館書店 2002
『すぐに使える英語のジョーク150』 岩間直文 丸善 2003
『エスニックジョーク』 クリスティ・デイビス、安部 剛 講談社 2003
『WIN-WIN交渉術!』 佐藤志緒理、ガレス・モンティース 清流出版 2003
『ジョーク・ユーモア・エスプリ大辞典』 野内良三 国書刊行会 2004

『世界のジョーク事典』 松田道弘 編 東京堂出版 ２００６
『世界ビジネスジョーク集』 おおばともみつ 中央公論新社 ２００３
『イギリス人に学べ！英語のジョーク』 クリストファー・ベルトン／渡辺順子 訳 研究社 ２００４
『英語力よりジョーク力！』 スティーブン・ウォルシュ 草思社 ２００７
『説得の戦略』 ＤＩＡＭＯＮＤハーバード・ビジネス・レビュー編集部 ダイヤモンド社 ２００６

『Negotiating Skills for Managers』 Steven Cohen McGraw-Hill 2002
『Secrets of Power Persuasion』 Roger Dawson Prentice Hall Press 1992
『The Fast Forward MBA in Negotiating and Deal Making』 Roy J. Lewicki, Alexander Hiam John Wiley & Sons 1998
『Secrets of Power Negotiating: Inside Secrets from a Master Negotiator』 Roger Dawson Career Press 2000
『Essential Lawyering Skills』 Stefan H. Krieger, Richard K. Neumann, Kathleen H. McManus, Steven D. Jamar Aspen Law & Business 1999
『Legal Counseling and Negotiating: A Practical Approach』 G. Nicholas Herman, Jean M. Cary, Joseph E. Kennedy Matthew Bender & Co 2001
『Advanced Negotiation and Mediation Theory and Practice』 Paul J. Zwier , Thomas F. Guernsey NITA 2005
『A Practical Guide to Lawyering Skills（3rd.）』 Fiona Boyle, Deveral Capps, Philip Plowden, Clare Sandford

Cavendish　2005
『Influence: Science and Practice』　Robert B. Cialdini　Allyn & Bacon　2000
『"Nuts" Joke Book』 "Nuts" Magazine/Ltd　Carlton Books　2006
『An Encyclopedia of Humor』　Lowell D. Streiker　Hendrickson　1998
『The Mammoth Book of Jokes』　Geoff　Tibballs　Robinson Childrens 2000
『「The Luck Factor」Change your luck-and change your life』　Dr. Richard Wiseman　Century 2003
『「Change Your Luck」The Scientific Way To Improve Your Life!』　Dr. Richard Wiseman　AMI BOOKS 2004

本書は、二〇〇八年三月、小社から発行された単行本『ネゴ・スキル』を改題し、文庫化したものです。

文芸社文庫

あなたを変身させる17の交渉スキル

二〇一二年四月十五日　初版第一刷発行

著　者　小山　齊
発行者　瓜谷綱延
発行所　株式会社文芸社
〒一六〇－〇〇二二
東京都新宿区新宿一－一〇－一
電話　〇三－五三六九－三〇六〇（編集）
〇三－五三六九－二二九九（販売）
印刷所　図書印刷株式会社
装幀者　三村　淳

ISBN978-4-286-12264-9